LA FRANCE A-T-ELLE COMMIS UN GENOCIDE AU CAMEROUN ?

Les Bamiléké accusent

© L'Harmattan, 2009
5-7, rue de l'Ecole polytechnique ; 75005 Paris

http://www.librairieharmattan.com
diffusion.harmattan@wanadoo.fr
harmattan1@wanadoo.fr

ISBN : 978-2-296-09296-9
EAN : 9782296092969

SHANDA TONME

LA FRANCE A-T-ELLE COMMIS UN GENOCIDE AU CAMEROUN ?

Les Bamiléké accusent

Pour que vive à jamais la mémoire de tous les génocides et afin que ne s'essouffle jamais la quête de la vérité et de la justice pour tous les crimes contre l'humanité.

Puissent tous les orphelins, toutes les veuves et tous les handicapés directs ou collatéraux de tous ces crimes puiser dans notre courage d'écrire, de questionner et de dénoncer, le nécessaire réconfort pour mieux supporter les affres de la vie.

SOMMAIRE

Introduction 7
Le témoignage de ma mère 11
Le génocide bamiléké 19
Le problème bamiléké du colonel Lamberton au Général Asso'o 41
Le reportage à problème 51
Bamendjou, le 20 octobre 2008 61
« JEUNE AFRIQUE » atteint du syndrome bamiléké ? Ou les bamiléké un mal nécessaire au Cameroun ? 63
Réaction de James Mouangué à la contribution du maire de Bamendjou 77
Observations au Docteur James Mouangué Kobila, en réplique à la lettre ouverte au maire de Bamendjou 81
Réplique de Mouangue à Shanda Tonme 93
Première réaction Shanda 105
Mise au point à l'attention du petit frère Mouangué ... 113
Sur la question bamiléké 127
Lettre ouverte, A Monsieur le Président de la République du Cameroun Par Un groupe d'universitaires camerounais. 141
Lavage de Cerveau et Rhétorique du Mensonge 159
Conclusion 173

Introduction

Si les peuples ont le gouvernement et les dirigeants qu'ils méritent, ils sont d'abord pris en considération en fonction de la manière dont ils défendent leur identité et s'approprient leur passé. Cependant, il n'y a aucun doute dans l'affirmation selon laquelle, non seulement le passé d'un peuple n'est jamais mieux représenté que par lui-même, mais ensuite que sans une compréhension et une clarification de ce passé, il est exposé à toutes les manipulations, à toutes les humiliations, à des doutes, et finalement à une certaine fatalité.

Les horreurs de la dernière grande guerre de 1939-1945 avaient choqué la conscience de l'humanité et contraint l'Occident à s'interroger clairement sur les valeurs qui devraient être considérées comme sacrées dans les rapports entre les nations, même en cas de mésentente grave. Cette épopée que l'on croyait capable de dessiner des normes générales, ne put cependant pas faire regretter ne serait-ce que l'esclavage qui dépeupla l'Afrique et exposa la race noire aux pires souffrances. Ainsi, en dépit des bruits faits autour de la réorganisation du monde en 1945 et de son réarmement moral, des puissances conquérantes, colonialistes et impérialistes, ont impunément commis des crimes inqualifiables en Afrique, en Indochine et en Asie. Quand ce n'était pas au nom de la vieille théorie d'émancipation des peuples païens, c'était au nom de la propagation forcée de la démocratie, des vertus de la liberté, et de la préservation du patrimoine de l'humanité.

Les scènes de massacres sont nombreuses, et l'on commence à peine à les recenser et à présenter des excuses par-ci et par-là au gré de l'énergie investie dans la dénonciation par les héritiers des victimes. Il est certain que sans l'ardeur déployée par les Juifs pour fouiller les vestiges de l'histoire et pourchasser les coupables, le génocide dont ils ont été victimes, pas seulement sous le règne du nazisme, n'aurait jamais été une si grande préoccupation aujourd'hui. Les Arméniens qui ont suffisamment attendu, commencent à voir leurs actions porter des fruits. En effet, le parlement européen a officiellement reconnu le génocide arménien. D'autres processus sont en cours pour qu'un jour, soient validés les crimes commis au Vietnam, les massacres à grande échelle en Algérie, etc.

Dans ce concert de réclamations ou de rappels de la mémoire historique douloureuse, un peuple, le peuple bamiléké de l'Ouest Cameroun, continue d'être plongé dans un sommeil étonnant au regard du passé plus que douloureux qui mine son destin et gêne son épanouissement psychologique. Parce que les vautours de la conférence de Berlin de 1884-85 qui organisèrent l'Afrique en champs d'influences maintiennent toujours les peuples du continent sous le poids de leur diktat, la plupart des efforts engagés à ce jour pour écrire la vraie histoire de l'Afrique dans toute sa profondeur, peinent à illuminer tous les mystères. Une lecture attentive des travaux louables dirigés par le regretté professeur Ki-Zerbo sur l'histoire du continent, comporte encore beaucoup d'ombres et d'imperfections.

En fait, très peu de personnes même en Afrique, sont réellement disposées à remuer tous les coins et recoins, à convoquer tout ce qui reste de témoignages, à valider d'éventuels résultats de recherches accusatrices.

Le cas des Bamiléké du Cameroun réunit toutes ces craintes et toutes ces contradictions à la fois, vu le sentiment qui se dégage dès que des efforts sont initiés pour connaître ce qui s'est passé avec le corps expéditionnaire français. Des blocages surgissent pour anéantir les velléités de clarification et décourager les téméraires. Nous ne sommes pourtant plus au stade du doute sur la réalité et la matérialité du génocide dont a été victime le peuple bamiléké de l'Ouest Cameroun. Il ne s'agit pas non plus d'un tout petit moment dans l'histoire générale du monde, ni d'une simple bavure dans l'articulation des faits d'armes d'un corps expéditionnaire des temps coloniaux.

Ce qui est arrivé en pays bamiléké du Cameroun, rentre dans le catalogue des crimes contre l'humanité.

Depuis une vingtaine d'années, de nombreux universitaires, chercheurs, curieux, ont voulu savoir, comprendre, se rassurer, mais il n'a jamais été réellement possible de réunir toutes les pièces pour un bon dossier. Il demeure que petit à petit, le travail s'effectue, et des fragments de témoignages les uns plus sarcastiques ou plus catégoriques que les autres, viennent enrichir la calebasse de la palabre qui se prépare.

Toutefois, comme nous l'avons si bien souligné préalablement, un peuple privé d'une appropriation de son passé, ne peut connaître que le malheur et l'humiliation. Les Bamiléké du Cameroun n'échappent pas à cette logique, eux qui, en dépit de toutes sortes de qualités premières pour mériter la considération et le respect, continuent de faire les frais de projections politiques désagréables qui finissent par transformer leurs progénitures en globe-trotters frustrés. Nous avons donc décidé de mettre nos petits pieds dans les grands plats de ceux qui veulent empêcher la vérité sur le génocide bamiléké d'émerger. Pour cela, nous n'avons pas hésité à rassembler dans un livre, des pièces, des documents, des instruments de débats, des arguments émis par autant de personnes aux opinions différentes. En fait, nous avons décidé de présenter toutes les facettes des conséquences d'un passé douloureux qui place dorénavant les Bamiléké dans une position on ne peut plus contradictoire.

Comment un peuple qui a connu le génocide, émerge-t-il aujourd'hui comme un problème dans son propre foyer national ? Nous avons pensé que la clarification du génocide était déjà une condition pour comprendre le problème en partie, tout en faisant confiance aux esprits nourris de synthèse, pour situer les enjeux. C'est pour cela que nous avons opté pour la présentation de tout ce que nous avons réuni, sous la forme d'un dossier d'accusation, et sans que cette manière de voir ou de faire, altère en quoi que ce soit la pertinence, l'indépendance, et le droit d'auteur des personnes dont les travaux ou les enquêtes sont intégralement repris.

En fait, nous consignons les pièces de plusieurs débats qui ont eu lieu à des occasions différentes, et qui ont conservé explicitement ou implicitement les thèses et les hypothèses de cette question du génocide bamiléké. Bien plus important, nous l'avons fait en tant que Bamiléké profondément traumatisé par l'inacceptable silence sur une histoire douloureuse dont nous ressentons les stigmates dans notre sang.

Le témoignage de ma mère

Je suis né le 21 janvier 1954 dans un village qui s'appelle Bangou, érigé depuis en arrondissement d'abord du département de la Mifi, ensuite du département des Hauts plateaux de la région de l'Ouest Cameroun. Les seuls souvenirs que j'ai de mon enfance dans ce village, n'étaient jusqu'à une certaine date, que le spectacle des populations cantonnées des deux côtés de la route nationale qui relie les villes de Bangangté et de Bafang. Je revois encore les images d'un camp militaire que l'on appelait alors camp des commandos, où l'on exposait tous les jours à partir de 16 heures, des têtes coupées.

Je devais avoir huit ans exactement lorsque je suis retourné dans mon village pour découvrir le terroir de ma naissance et de ma tendre enfance. Mes parents ne me l'avaient jamais dit, mais je pouvais entendre au travers des conversations des adultes, que notre concession familiale avait été brûlée, détruite complètement à cause de la guerre menée par le Gouvernement contre les maquisards. Il était aussi question de guerre pour l'indépendance, mais ce n'est que de façon très furtive que l'on pouvait évoquer les événements en ces termes. Bref, les gens de mon village avaient en fait perdu leurs maisons et tous leurs biens et vivaient maintenant dans des camps aménagés et contrôlés. Les têtes qui étaient exposées quotidiennement étaient, disait-on, celles de personnes trouvées dans les villages officiellement réduits en cendres et interdits d'accès. Toujours dans les conversations, je pouvais apprendre qu'en réalité, certaines de ces personnes étaient de simples innocents qui, très attachés à leurs terres, s'étaient hasardés de retourner dans leurs concessions soit pour essayer de cultiver, soit pour recueillir le vin de raphia très prisé, soit pour s'adonner à quelques rites coutumiers.

Quoi qu'il en soit, il m'était impossible à cet âge, de comprendre effectivement le drame que mon peuple avait vécu. J'étais toujours trop jeune pour percevoir la gravité des événements. Et même à supposer que l'on prît la peine de me renseigner, je n'aurais véritablement rien compris de profond et surtout de significatif au plan politique.

Je dois signaler ici que la même année où je redécouvre mon village natal à l'occasion des obsèques de mon grand-père paternel, je suis choisi par la famille pour aller vivre avec mon oncle dans l'arrondissement de Ndom, département de la Sanaga-Maritime. Dans cette petite bourgade perdue dans la forêt dense, je redécouvre l'horreur des têtes coupées et exposées exactement dans la même logique qu'à Bangou. La seule différence ici c'est que les villages n'avaient pas été rasés, bien que la même terreur, la même logique de la peur, du discours feutré sur la guerre d'indépendance, fût à l'ordre du jour. Le jeune homme de neuf ans de l'époque, juste pétri d'une petite intelligence de la classe du cours élémentaire deux, n'avait pas vraiment les armes pour évaluer, pour tout comprendre, pour situer l'histoire et exprimer une opinion.

C'est lorsque j'entre au collège et que je commence à converser ouvertement et distinctement avec ma mère, que de façon presque involontaire, elle me livre des informations sur mon enfance, sur les conditions dans lesquelles notre village a été entièrement anéanti avec le napalm.

Il se trouve que j'ai eu une enfance agitée, faisant souvent des choses les plus inattendues sur le plan comportemental, et démontrant à certaine occasion, un caractère de taciturne à toute épreuve. Ainsi, ma mère, pour justifier son dépit de ne pas être à mesure de me faire changer d'avis dans certaines situations, répétait inlassablement : « *tu as toujours porté le risque dans ta vie depuis ta tendre enfance. Je ne sais pas comment tu as pu naître avec cette manière de ne pas craindre le danger, et je me suis toujours demandé si tu es un enfant comme les autres. Lorsque tu étais encore plus petit et que tout le village vivait dans la peur, parce qu'il y avait la guerre, tu courais toujours vers le danger. Les avions arrivaient en faisant un bruit assourdissant et l'on entendait tétététététététététété.......... et tout brûlait sur leur passage. Tout le monde courait se cacher partout où l'on pouvait, mais toi, tu étais insaisissable. C'est par chance que tu es encore vivant aujourd'hui, car à chaque passage des vagues d'avions qui déversaient des flammes, nous étions convaincus que nous allions te perdre. Après le passage des avions, des tas de cadavres jonchaient les champs, les places, les ruelles. Tout brûlait, les arbres, les maisons, les animaux, les êtres humains. Le sol devenait noir et une odeur étouffante serrait la gorge. On pouvait avoir mal à la tête plusieurs jours durant* ».

Voilà comment j'ai été au courant plus tard de ce qui s'était passé réellement dans mon village. Ceux qui survécurent aux bombardements massifs des avions français utilisant le napalm, furent donc regroupés autour des camps des commandos, supplétifs de l'armée coloniale dont la barbarie était sans pareil.

Ce n'était pas seulement Bangou mon village qui avait connu cette situation, c'étaient tous les villages des montagnes de l'Ouest, c'était tout le pays bamiléké. Longtemps après, ce qui ne fait plus de doute dans mon esprit sur le caractère de génocide, les stigmates sont encore visibles de nos jours. Lorsque mes parents racontent ce qu'était la vie dans nos villages avant l'intervention brutale de l'armée française, je réalise que ce qui s'est passé, n'est pas loin d'une solution finale à l'hitlérienne. Les bombardements n'avaient pas pour but de contenir ou d'anéantir des poches de résistance des combattants nationalistes de l'UPC, l'armée française avait de toute évidence choisi d'exterminer ces habitants des montagnes qui, déjà, étaient présentés dans les analyses stratégiques, géopolitiques et anthropologiques, comme un danger pour le régime naissant. De 1958 jusqu'à 1966, le peuple bamiléké a connu un supplice dont les historiens ont l'obligation de consigner la substance dans la mémoire des grands génocides que l'humanité a subis.

Ma mère ne croyait pas m'enseigner l'histoire, et encore moins me livrer les armes de la transformation des bribes d'informations qui m'effleuraient en témoignage décisif dans le dossier d'un génocide. Ma mère ne faisait qu'évoquer une enfance récalcitrante, pour montrer que ma sécurité fut toujours pour elle, un souci majeur à cause de mon inconscience du danger. Pour elle, j'avais pris le risque d'aller vers les avions qui déversaient le napalm et brûlaient tout sur leur passage. Le reste de ma vie selon elle, ne devrait donc étonner personne. Pour l'adolescent insaisissable de famille polygame vivant dans un quartier populaire de la périphérie de la ville de Douala que j'étais, ma mère en me racontant cette épopée d'enfance ne délivrait-elle pas aussi un message codé ?

A quatre-vingts ans, ma mère appartient à une génération qui s'en va doucement et sûrement vers l'autre monde, celui des ténèbres où reposent en poussière, ceux qui ont terminé leur séjour sur terre. Mais, devrait-elle, cette génération, dans le cas des parents et grands-parents bamiléké, s'en aller aussi librement et aussi sereinement, sans avoir jamais été informée des conséquences, de toutes les conséquences et de la signification juridique du génocide dont elle a été témoin ?

Mon histoire avec ma mère est en effet la même que celle de beaucoup de familles à l'Ouest du Cameroun. De nombreux villages n'ont jamais pu être entièrement reconstitués depuis les passages des avions français qui bombardèrent pour tout anéantir, pour tout raser et pour tout supprimer. Ce n'était pas la guerre, ce n'était pas la pacification, c'était le nettoyage.

Ce qui est plus grave, c'est qu'à bien observer aujourd'hui, il existe de larges espaces de terres dans mon village où les cultures poussent mal ou ne poussent pas du tout. Faut-il encore aller chercher loin l'explication ? Un demi-siècle après, nous vivons toujours ce génocide, et ma mère qui est encore vivante, continue de témoigner, en se servant d'un fils qui n'aurait survécu que par pur miracle. Mais je me rends bien compte que, longtemps après les faits, beaucoup de vieilles personnes plutôt conscientes de ce que pourraient provoquer des révélations, se murent dans un lourd silence et refusent systématiquement de parler. Le parcours de l'universitaire, du chercheur qui veut en savoir davantage sur les événements sanglants qui ont marqué son enfance d'une croix de haine, m'a conduit dans presque tous les villages de l'Ouest. Aucun d'eux ne fut épargné, et sans doute qu'aucune pierre ni aucun centimètre carré, ne manquèrent de recevoir un tatouillage de bombe.

J'ai voulu un jour expliquer à ma mère ce que ce qui s'était passé représente aujourd'hui aux yeux du monde, dans la conscience universelle, dans la culture de la guerre, dans le droit commun à tous les systèmes juridiques et à toutes les civilisations politiques, mais elle a eu cette réaction : *c'est justement ce que je te dis, que tu es né comme cela, que tu ne changeras jamais, et que tu persisteras toujours à aller vers le danger. Laisse tomber cette histoire et tu vivras en paix. Personne ne s'en occupe, et pourquoi toi ?*

En réponse à ce conseil en forme d'injonction, je lui ai répondu que c'est justement parce que je veux vivre en paix, qu'il me faut rassembler le maximum de renseignements sur ce génocide, et travailler à le faire connaître à tous ceux, à travers le monde, qui l'ignoreraient ou à tous ceux qui, pour avoir été associés d'une manière ou d'une autre à son exécution, chercheraient à le dissimuler, à le gommer de quelques rares documents.

Il me souvient qu'après mon baccalauréat, lorsque je pus enfin m'entretenir librement et ouvertement avec mon père, il ne me découragea jamais dans la quête de la vérité à propos de cette affaire. Son seul souci semblait de me conseiller de m'y atteler avec prudence et patience, afin d'être en mesure de rencontrer le maximum de personnes bien renseignées et de recueillir les meilleurs témoignages. La révélation la plus importante qu'il me fit, concerna son propre rôle dans la lutte pour l'indépendance du Cameroun. Mon père portait une large cicatrice sur sa cuisse gauche présentant l'aspect d'un trou refermé. La chair était comme froissée ou rétrécie à cet endroit. Aucun de ses vingt-cinq enfants n'avait jamais su ce que cette cicatrice représentait.

En effet, mon père avait milité et combattu dans les rangs de l'UPC et c'est à cette occasion qu'il avait reçu une balle dans la cuisse. Le jour où il me fit cette révélation, il ne crut pas nécessaire de me livrer tous les détails. Dans sa logique, comme il me le fit comprendre sans détour, il était convaincu que je retrouverai plus tard par mes propres efforts, toutes les ficelles et tous les indices de ce qu'avait été sa vie, et de ce que notre village avait vécu comme souffrance. Il faut sans doute mentionner ici, que Ernest Ouandié, un des chefs de l'UPC qui fut lâchement assassiné par le régime néocolonial d'Ahmadou Ahidjo en 1971, était du même village, Bangou.

Pour être plus précis, c'est de ma mère, que la réalité de l'existence d'un génocide conduit directement ou, téléguidé par une main criminelle étrangère utilisant des moyens de guerre sophistiqués et des armes de destruction massive, s'est incrustée de façon pérenne dans ma conscience.

Le génocide bamiléké

Document témoin versé au dossier de la Plainte par la Ligue camerounaise des Droits de l'Homme devant le tribunal pénal International en novembre 1998 et le tribunal pénal belge à compétence universelle en janvier 2001 par la Ligue camerounaise des droits de l'homme pour la défense des libertés fondamentales et du pluralisme.

Campagne militaire française en pays bamiléké

Chronique d'un génocide annoncé

Parmi les grands crimes commis par la France aux quatre coins du globe figure un, sans doute le plus scandaleux, prémédité, planifié et exécuté par le Général de Gaulle au tournant des années 60.

En pleine guerre froide, il n'y a pas de caméra pour filmer, ni de reporters pour écrire. Entre les chaînes montagneuses du pays bamiléké, les chasseurs-bombardiers français se livrent à l'implacable jeu de la mort. Les populations indigènes qu'on massacre ainsi n'ont rien pour se défendre. La situation géographique de la région martyrisée n'arrange fatalement pas les choses.

Le pays bamiléké est, à ce moment-là, la seule province camerounaise qui ne partage pas de frontières avec un pays voisin. Il n'y aura pas d'exode vers les frontières, ni de Camps de Réfugiés. Il n'y aura pas de Croix Rouge, ni de Médecins Sans Frontières. Il y a pourtant une sorte d'unanimité et de consensus international sur ce crime.

L'ONU, de laquelle la France tient son mandat de Tutelle, restera étrangement muette. La Grande-Bretagne, l'autre Mandataire et Alliée de la Première Guerre Mondiale, est de l'autre côté de la montagne, à un vol d'oiseau de Mbouda et de Dschang. Les va-et-vient des bombardiers français n'ont certainement pas échappé à la vigilance des services secrets de sa Majesté. Son silence est, sans aucun doute, un acte de solidarité occidentale. Le Vatican, dont on connaît la capacité à fustiger les crimes de cette ampleur n'en dira pas un seul mot. Pire, les écoles et collèges missionnaires à l'Ouest du Cameroun ont abrité le corps expéditionnaire français. Il s'agit, peu de gens le savent, de l'un des plus grands génocides de l'histoire de l'Humanité.

Le rayonnement international de la France, qui bénéficie de la Loi du silence de l'ordre blanc mondial, va réussir à étouffer le crime. Aujourd'hui, les jeunes Camerounais sont surpris lorsqu'on leur apprend, de manière anecdotique hélas, l'histoire de cet effroyable drame. Le général de Gaulle s'est rendu ainsi coupable d'un deuxième génocide.

Le génocide de la mémoire

La plupart des Officiers français qui font partie du Corps expéditionnaire sont d'anciens tueurs de la Guerre d'Indochine. Ils ont été recasés au Cameroun, en raison, croit-on savoir, des accords de défense Militaire passés entre M. Ahidjo et Charles de Gaulle. Le Cameroun n'est pourtant pas, si l'on se réfère à ces fameux accords de défense, sous la menace d'un pays étranger. Le Ministre de la défense de M. Ahidjo, un certain Sadou Daoudou, dont le nom devrait entrer dans le registre sinistre des criminels de guerre, n'aura pas de mal à convaincre son homologue Français Pierre Guillauma. Jacques Foccart, le Rambo français des tropiques, est favorable à l'extermination massive des bamiléké, que des rapports des services de la SDECE - dont ceux d'un certain Jean-Lamberton présentent comme une dangereuse menace pour les intérêts Français au Cameroun. Sur place, à l'Ouest du pays, dans le champ des opérations, se trouve Andzé Tsoungui, ministre aujourd'hui retraité.

Parmi les Officiers du Corps expéditionnaire, figure Max Bardet, Pilote d'hélicoptère. Comme beaucoup d'autres, il a pris une part active aux bombardements. Il a survolé et bombardé, avec une cruauté qu'il n'a jamais niée, le pays bamiléké. Voici un témoignage édifiant qu'il a fait en 1988 dans un livre intitulé *Ok Cargo*. Bardet sait très bien de quoi il parle.

Voici sa déclaration :

« En deux ans, de 1962 à 1964, l'armée régulière a complètement ravagé le pays bamiléké. Ils ont massacré de 300 000 à 400 000 personnes. Un vrai génocide. Ils ont pratiquement anéanti la race. Sagaies contre armes automatiques, les bamiléké n'avaient aucune chance (.) ».

Les villages avaient été rasés, un peu comme Atilla. Bardet prononce bien les mots génocide, race anéantie, villages rasés, un peu comme Atilla. Ces mots funèbres ne sont pas prononcés par un profane, mais par un militaire, acteur et témoin d'un crime. La comparaison que cet Officier fait avec Atilla n'est pas fortuite.

Pour ceux qui connaissent un peu l'histoire triste de ce petit village martyr du Liban, il est même étonnant qu'il y ait eu des survivants à l'Ouest du Cameroun. Ce témoignage, à lui seul, constitue un élément de preuve dont un Tribunal International devrait un jour tenir compte. Bardet avance le chiffre de trois à quatre cent mille victimes. Rien qu'en deux ans !!! Combien y en a-t-il eu entre 1964 et 1970, année de la fin de la campagne de pacification " ? Combien y en a-t-il entre 1955 et 1962 ? C'est pour répondre à cette question que nous enquêtons en ce moment à l'ouest du Cameroun. Les recherches se feront maison par maison, quartier après quartier, et pour cela, la collaboration totale de toute personne résidant en territoire bamiléké est indispensable, car il est évident qu'aucune famille bamiléké n'a échappé aux massacres.

Constantin Melnik a été, dans les mêmes années 60, un haut responsable de l'Etat Français. Il était conseiller des services secrets de Michel Debré, alors Premier Ministre de France, sous la présidence de Charles de Gaulle. Dans un livre qu'il a publié en 1996 aux Editions Plon, intitulé "La mort était leur mission", Melnik raconte, page 195, l'épopée sanglante du Corps expéditionnaire français au Cameroun.

« Après la décolonisation orchestrée par le Général de Gaulle, des troubles avaient éclaté au Cameroun. Où se situait, à propos, ce putain de pays et quelles étaient son histoire et sa singularité ? Une fraction extrémiste regroupant les bamiléké s'était soulevée. Selon une tradition africaine qui n'était pas encore relayée par la télévision, des massacres avaient eu lieu, suivis d'une répression où les forces gouvernementales épaulées par des Conseillers militaires français, n'avaient fait preuve d'aucune réserve. Tentés par une aventure africaine, des camarades du Colonel Martineau étaient partis piloter des hélicoptères et ils étaient revenus lourds de récits de cadavres flottant au fil de l'eau ou pourrissant dans la forêt ».

Dans ce livre qui a secoué la France par la justesse de son contenu et le franc-parler de son auteur, Melnik, aujourd'hui retraité, reconnaît que les crimes de la France sous le Général de Gaulle, ont inscrit le nom du président Français en tête sur le tableau des horreurs, très loin devant des personnages aussi ignobles que Staline. Melnik n'était pas n'importe qui. Il a participé à toutes les stratégies d'extermination élaborées par les services secrets Français, et n'ignorait rien des méthodes et de la manière utilisées par le Corps expéditionnaire. Comme Max Bardet, Constantin Melnik dresse un bilan effroyable de ce crime. Des cadavres qui flottent au fil de l'eau ou pourrissent dans la forêt. Le livre de Melnik est un précieux témoignage.

Le Ministre des armées de Charles de Gaulle, Pierre Guillauma, a évoqué cette tragédie en des termes plutôt élogieux. Dans La *Francafrique*, un livre publié aux Editions Stock en Avril 98 par François-Xavier Verschave, célèbre chercheur Français, voici ce que Monsieur Guillauma déclare :

« Foccart a joué un rôle déterminant dans cette affaire. Il a maté la révolte des bamiléké avec Ahidjo et les services spéciaux. C'est la première fois qu'une révolte d'une telle ampleur a été écrasée convenablement. Il a été très sage pour ne pas exciter l'armée.

C'est le ministre des armées qui parle. La postérité appréciera. Y a-t-il des preuves plus convaincantes que celles, aussi claires, qui sortent de la bouche d'une personnalité de ce rang ? Jamais, de mémoire d'homme, on n'a vu un pays qui accepte d'une façon aussi pertinente et triomphaliste la responsabilité d'un désastre. Max Bardet, Constantin Melnik, Pierre Guillauma, Foccart, ont bien reconnu la responsabilité d'ailleurs indiscutable de la France dans ce génocide. Quatre personnages qui forment une chaîne dont le gros maillon de départ n'est autre que Charles de Gaulle, Chef de la France libre, que le Cameroun a pourtant accueilli et aidé en 1940 après sa lourde et cuisante défaite à Dakar.

Au tournant des années 40, Hitler a occupé la France et Pétain est à la collaboration. Charles de Gaulle quitte le pays et se réfugie à Londres d'où, avec l'aide de Winston Churchill, il va prendre la tête d'une force d'expédition qui partira des Côtes de Liverpool, au nord de l'Angleterre, en septembre 1940.

De Gaulle va sillonner les côtes africaines à la recherche de points stratégiques. A la tête de cette armada, il lance une attaque à Dakar, sur les positions stratégiques d'une armée encore fidèle à Pétain. Du 23 au 25 septembre 1940, l'attaque est étouffée dans l'œuf, l'armada détruite, et de Gaulle a juste le temps de s'enfuir. Aucun pays de la côte ouest Africaine n'est disposé à accueillir le Général dans sa fuite. Sauf le Cameroun. Le 8 octobre 1940, de Gaulle débarque au port de Douala. Sur le quai, Leclerc, alors Colonel, est venu l'accueillir. Avec lui, plusieurs milliers de personnes, qui viennent parfois du fond des campagnes camerounaises. Le visage de de Gaulle s'épanouit subitement. Il dira dans son discours de remerciements : "Aujourd'hui, la confiance est revenue en moi ».

Le long séjour du Général en terre camerounaise sera marqué par une telle hospitalité qu'il décidera d'implanter sa base arrière à Douala. Toute la campagne orchestrée dans la sous région de l'Afrique Centrale sera lancée à partir du Cameroun, qui deviendra ainsi dans ses rêves, et plus tard dans la réalité, la base historique d'où sont parties les campagnes militaires décisives des pays d'Afrique ralliés qui ont permis de libérer la France. Si les patriotes Camerounais, toujours inflexibles lorsqu'il s'agit de Liberté, n'avaient pas consenti à aider de Gaulle à ce moment crucial de l'histoire de la France, nul ne peut dire avec exactitude ce que les Français seraient devenus.

La France doit sa Libération et sa prospérité aux Camerounais. Particulièrement aux Bamiléké. Voici pourquoi : L'Allemagne a été de tout temps un voisin redoutable pour la France, sorte de cobaye où les Allemands ont expérimenté toutes leurs visées impérialistes. Peu avant l'éclatement de la Première Guerre Mondiale, l'Allemagne a aussi tenté d'étendre son influence en Afrique. Faisant usage d'une grande brutalité, son protectorat s'est rapidement répandu sur les Côtes. Débarqués à Douala, ils condamnent Douala Manga Bell qui s'oppose à leurs méthodes et l'exécutent par pendaison. Il s'agit d'une mise en garde sévère à tout récidiviste. La conquête du Littoral camerounais est une partie de plaisir pour Bismarck et ses hommes. Les colons allemands progressent tranquillement et se dirigent vers l'Ouest du pays, à coups de travaux forcés. En territoire bamiléké, ils seront surpris par la riposte. La résistance des Patriotes est foudroyante.

Les méthodes allemandes, pour la première fois en Afrique, enregistrent un cuisant échec. Ils optent pour la ruse qui échoue. C'est alors qu'ils acceptent de négocier. Les Allemands ont compris très vite qu'il est inutile de faire la guerre à un peuple qui fait preuve d'une telle détermination. Les bamiléké n'ont pourtant pas une tradition militaire. En 1940, ils vont mettre cette expérience historique au service de Charles de Gaulle. L'aide ne s'arrêtera pas là. Universellement reconnus pour leur sens légendaire de l'épargne, les bamiléké vont mobiliser une forte somme d'argent, l'argent étant le nerf de la guerre, qu'ils remettront à titre de prêt au Général contre une reconnaissance de dette que de Gaulle et la France n'ont jamais honorée. Ce bref retour à l'histoire a une valeur pédagogique. Il rétablit une vérité, encore une, qu'aucun livre d'histoire au Cameroun n'enseigne.

Logiquement, lorsqu'on a fait preuve d'une telle générosité à l'égard de quelqu'un, on s'attend, au moins à un acte de reconnaissance de sa part. Comment De Gaulle a-t-il retourné l'ascenseur ? Ecoutez la réponse de François-Xavier Verschave, extrait de *La Francafrique*, dont il est l'auteur. « Foccart expédie au Cameroun une véritable armée : Cinq bataillons, un escadron blindé, des Chasseurs bombardiers T26. A sa tête, un vétéran de guerre d'Indochine et d'Algérie, le Général Max Brillant, surnommé " le Viking ". En Extrême-Orient, ce colosse blond a commandé durant deux ans la $22^{\text{ème}}$ RIC, les Casseurs de Viets (.) Le Général Brillant se pose en rouleau-compresseur, et le Colonel Lamberton en stratège. (.) La lutte anti-guérilla menée par les Commandos coloniaux est d'une brutalité inouïe. Vagues d'hélicoptères, Napalm. C'est une préfiguration de la guerre du Vietnam que se jouent les vétérans d'Indochine. Leur rage est d'autant plus grande que sur plusieurs fronts, ils remportent des succès ponctuels ».

Les massacres de l'armée française en pays bamiléké ont toujours fasciné Verschave. Président de Survie, une ONG française humaniste, il s'est rendu au Cameroun pour enquêter et chercher à comprendre. Dans le N° 135 de l'hebdomadaire camerounais *Mutations*, publié le 23 juillet 1998, Verschave tire cette conclusion à la page 5 : « Ce qui m'a le plus frappé au cours de mon enquête, c'est que ces faits macabres suscitent encore une telle terreur que tous mes interlocuteurs camerounais en étaient comme stupéfiés. Ils m'ont dit qu'il s'agissait de quelque chose d'explosif, et qu'eux-mêmes avaient du mal à entreprendre une démarche à caractère historique et scientifique sur ces carnages de l'armée française. Dès lors, je me suis dit que si 40 ans après il y a encore une telle terreur, on peut être certain qu'il s'est passé quelque chose de terrible (.) ».

Les Camerounais sont en droit de savoir ce qui s'est passé et davantage ce qui se passe. Il leur revient de définir l'urgence ou non d'une telle démarche. Verschave vit à Paris et ses travaux sur ce génocide pourraient constituer une base de ressources déterminante.

Malgré la gravité de ce crime telle que décrite par ses auteurs et des observateurs avertis, la conspiration du silence est flagrante. Le génocide du peuple bamiléké est le seul qui échappe étrangement au registre des horreurs qui ont marqué l'histoire de l'Humanité. Les Juifs, les Arméniens, les Kurdes, les Tutsi ont eu droit à une reconnaissance internationale et/ou à un Tribunal pénal. Une analyse, même superficielle des phénomènes historiques, permet de comprendre à quel point les bamiléké ont été martyrisés. Dispersés aujourd'hui entre les montagnes de l'Ouest du Cameroun, ils font partie de la Grande famille africaine qui a connu 4 siècles d'esclavage, suivis d'une tentative de lavage de cerveau par les conquêtes religieuses (qui a heureusement échoué en pays bamiléké), et de plusieurs décennies de colonisation. Aucun peuple en Afrique n'a aussi souffert que les Bamiléké, face à une puissance militaire occidentale.

Il y a les Algériens certes. Mais eux au moins furent soutenus et aidés par leurs frères arabes des pays maghrébins et Moyen-Orientaux, et par une grande partie de l'opinion française. En Algérie, l'armée française était en guerre contre une Nation qui se défendait avec des moyens certes limités, mais appropriés. Le Parlement français vient d'ailleurs de voter un texte qui, pour la première fois, reconnaît le terme "guerre" dans la campagne française en Algérie. Les Bamiléké ont-ils bénéficié ne fût-ce que d'un centième du soutien semblable à celui dont ont bénéficié les Algériens ? Les

Français n'ont-ils pas eu le loisir d'exterminer un peuple indigène sans défense au fond de l'Afrique équatoriale sans que le monde entende le moindre bruit ?

L'opinion française considère toujours le Général de Gaulle comme le plus grand héros français de tous les temps. Que cet homme, que les Camerounais et les bamiléké ont pourtant accueilli et aidé dans ses moments difficiles - se soit rendu coupable d'un tel crime augmente notre révolte, et montre à quel point les Français peuvent être ingrats. Comme tous les peuples de la terre, les bamiléké ont aspiré légitimement à la liberté, au droit de disposer eux-mêmes de leur propre destin, qui est un droit inné et inaliénable, comme défini dans la Déclaration Universelle des droits de l'Homme, et dans tous les Traités Internationaux. Les Bamiléké ont souhaité un Cameroun fort, uni, prospère. Pour cette cause somme toute légitime, une frange de Patriotes inflexibles s'est soulevée contre une force d'occupation, exactement comme les Français contre les forces du IIIème Reich. Ceci a-t-il donné le droit au Général de Gaulle de dépêcher des chasseurs bombardiers contre un peuple qui savait à peine ce que c'est qu'une arme à feu, et dont la majorité n'était que des enfants, des femmes et des vieillards ? Pourquoi les Français ont-ils toujours nourri une telle haine à l'égard des bamiléké ?

Pour comprendre les raisons, il est conseillé de se référer à Jean Lamberton, tristement célèbre doctrinaire du gaullisme criminel, qui dans un article intitulé" les Bamiléké dans le Cameroun d'aujourd'hui "publié dans une revue des stratèges Français en mars 1963, déclarait : "Les bamiléké sont une minorité ethnique qui représente un caillou, bien gênant dans la chaussure de la France". On n'en dira pas plus. Voyons ! Les Bamiléké sont-ils Une minorité ethnique au Cameroun comme le décrit

Lamberton ? Cette volonté irresponsable de travestir la vérité, diffusée grâce à une littérature de haine bien structurée, s'inscrivait dans l'optique annoncée de ces massacres. La campagne militaire avait donc un but précis : Ecraser les Bamiléké pour que les survivants ne constituent plus qu'une minorité ethnique, incapable de troubler le sommeil de la Mère patrie. Le temps a prouvé comment Lamberton s'est trompé. Oui, il est aisé de le prouver, les bamiléké ont toujours gêné la France. Dans leur rêve de devenir une puissance planétaire, les Français ont fait usage de tous les artifices pour empêcher l'émergence des bourgeoisies autochtones dans les pays d'Afrique placés sous leur tutelle par la Société des Nations. De tous les 14 pays de la zone franc qui restent aujourd'hui, et sans lesquels les Français ne seraient rien, 13 sont dominés économiquement par la France. D'Abidjan à Dakar, de Libreville à Conakry, de Brazzaville à Bangui, de Ndjamena à Bamako etc., la France rayonne.

Boulangeries, épiceries, échoppes, bars etc., sont entre des mains françaises, de même que les centres commerciaux, et l'import-export. Le Cameroun échappe à la règle. Grâce aux Bamiléké, dont le flair en affaires a fasciné tant le monde entier, les Français ont échoué dans leur tentative d'étendre leur impérialisme économique sur le Cameroun. Et les Français ne comprennent toujours pas comment un peuple sauvage, qui découvre à peine ce qu'est une route bitumée, a développé un tel sens des affaires.

Le Colonel Lamberton a donc raison lorsqu'il parle de caillou gênant. L'extermination des bamiléké dans ce cas doit être comprise comme une façon bien française, lâche et criminelle, d'effacer un adversaire économique. Et la rébellion un prétexte. Mongo Béti ne cesse de le dire depuis 40 ans, l'écroulement de l'influence française au Cameroun supposait la fin de son impérialisme dans toute la sous région de l'Afrique centrale, et une grande partie de ses ouvrages y sont consacrés. Le prétexte de la rébellion pour exterminer un peuple est une pratique bien ancienne. Dans le projet de loi relatif à la reconnaissance du génocide arménien en 1915, débattu et adopté au Parlement français le 29 mai 1998, voici un paragraphe éloquent : "Le gouvernement Ottoman exploite le début d'un mouvement révolutionnaire arménien pour accréditer la thèse d'une insurrection des Arméniens Ottomans et l'existence d'un mouvement insurrectionnel, alors que les réactions d'autodéfense, très limitées des Arméniens, démontrent le contraire".

Dans leur campagne d'extermination, M. Ahidjo et de Gaulle, ont réussi à faire admettre qu'ils étaient en lutte contre des maquisards, des pilleurs, des violeurs. De tout cela, il n'en était rien. Momo Paul, assassiné en 1960, son ami Kamdem Ninyim, Roi Baham, qu'Ahidjo n'a pu corrompre, et surtout Ernest Ouandié, nationaliste intransigeant, étaient avant tout des Patriotes implacables. Ont-ils tué d'autres Bamiléké comme on a tenté de l'insinuer pour les discréditer ? Il est possible. Mais alors ! Les Français et le Général de Gaulle n'ont-ils pas tué et brûlé leurs concitoyens qui étaient soupçonnés de collaboration avec l'Allemagne ? Et le prétexte de la rébellion donnait-il le droit à la France de larguer des bombes chimiques sur des populations innocentes ?

Les Bamiléké ne doivent, en aucun jour, oublier d'honorer la Mémoire de leurs martyrs. Une Mémoire qui doit rester vivante et vivifiée sans cesse, et qui doit alimenter le désir de survie des générations de demain. Depuis 40 ans, la France et les gouvernements camerounais successifs, y compris celui au pouvoir aujourd'hui, ont réussi à discréditer tous les repères qui auraient pu permettre à la génération actuelle de prendre conscience. Le plus efficace des moyens d'étouffement et de discrédit a été une technique chère aussi bien aux Français qu'aux gouvernements camerounais : la censure. Les livres d'histoire au Cameroun sont pleins de petites banalités. Ecrits presque tous sous l'œil vigilant des censeurs français, il n'y a nulle trace de l'intervention militaire du Général de Gaulle. La France y est toujours présentée en Mère patrie, et de Gaulle en bienfaiteur. Ils ont appris à nos parents à chanter la Marseillaise, et les petits élèves des écoles primaires du Cameroun peuvent vous dire où se trouve le Boulevard des Champs Elysées à Paris. Les places publiques de Douala et de Yaoundé sont truffées de monuments édifiés à la mémoire des bourreaux. Nos rues leur sont dédiées. Cette capacité légendaire pour un bourreau de réussir à se faire accepter comme un bienfaiteur est unique dans l'Histoire.

Jean Rostand disait "On tue un homme, on est assassin. On tue des millions d'hommes, on est conquérant. On les tue tous, on est un Dieu".

Cette métaphore s'applique parfaitement à la France. François-Xavier Verschave a déclaré dans une édition du quotidien Mutations déjà cité qu'il revient aux bamiléké et aux Camerounais de définir ou non l'urgence d'une démarche, car il faut l'avouer, il y a urgence, d'autant plus que les Français comptent sur l'usure du temps. Et pourtant, dans une allocution prononcée à Vienne en janvier 1984, le président Mitterrand a déclaré : « Il n'est pas possible d'effacer les traces d'un génocide qui vous a frappé. Cela doit être inscrit dans la mémoire des hommes et ce sacrifice doit servir d'enseignement aux jeunes en même temps que la volonté de survivre afin que l'on sache, à travers le temps, que ce peuple n'appartient pas au passé, qu'il est bien du présent et qu'il a un avenir » (C'est nous qui soulignons).

Malgré la certitude qui caractérise ce génocide, il y a un certain nombre d'éléments que seuls les Français peuvent fournir : les rapports de missions de leurs Officiers. Il existe un seul moyen crédible à la France pour prouver sa bonne foi : ouvrir ses archives et reconnaître le génocide. L'accès à ces archives permettra d'identifier la plupart des charniers qui restent inconnus. La reconnaissance d'un crime est un acte qui honore le bourreau. Voici la teneur du message de René Rouquet, Parlementaire français, à ses homologues le 26 mai 1998 : "Reconnaitre l'existence d'un génocide s'impose à tous, car un tel forfait interpelle l'humanité dans son ensemble. Nier son existence atteint directement les survivants, insulte la mémoire des victimes et les assassine une seconde fois. Nier l'existence d'un génocide banalise l'horreur (.) Le devoir de mémoire et la lutte contre l'oubli s'imposent donc à chacun, aux survivants de la tragédie comme à ceux qui les côtoient, afin que ces actes barbares ne soient pas ignorés ou niés. On sait aujourd'hui qu'il est impossible d'entamer un travail de deuil sans que justice soit rendue et que les coupables soient punis, ou tout au moins désignés quand il est trop tard pour les sanctionner. Le dernier est un assassinat de la mémoire " (C'est nous qui soulignons).

Il n'y a rien à ajouter à cette déclaration. Il faut simplement espérer que ces bonnes intentions, qui ont soutenu la reconnaissance du drame arménien, soient applicables aux massacres en pays bamiléké.

Plusieurs pays, y compris les Etats-Unis et le Vatican, ont reconnu leurs responsabilités dans les crimes qu'ils ont commis à travers l'histoire. La reconnaissance d'une faute, quelle que soit sa gravité, ouvre la porte au compromis.

L'ancien Secrétaire d'Etat américain Mac Namara est allé demander pardon aux Vietnamiens. Les Allemands ont reconnu leurs crimes commis en Pologne et un peu partout en Europe. Le Vatican, par la voix du Pape, vient de demander pardon, dans un discours pathétique pour toutes les atrocités de l'Eglise Catholique. Les Japonais ont imploré le pardon de la Chine. Le Parlement français, en 3 ans, a posé 2 actes successifs : Le terme Génocide a été retenu pour qualifier les crimes de la Turquie en Arménie, et le terme Guerre pour qualifier la campagne militaire française en Algérie. Mais les crimes contre les bamiléké ne sont pas à l'ordre du jour. Du moins pas encore, Les Français chercheront-ils à nier des faits aussi évidents ? Ce ne serait pas étrange. Adolfo Perez Esquivel, prix Nobel de la Paix, disait ceci : « au XXe siècle, le génocide demeure un fléau frappant l'humanité de manière récurrente. Le terrible holocauste des Juifs a été une des plus effroyables violations des droits de la personne et des peuples. Au procès de Nuremberg, les responsables ont été jugés et condamnés. Mais combien d'autres génocides restent impunis ? Les responsables s'efforcent de nier leur culpabilité et prétendent à l'impunité. Or, le génocide est un crime contre l'humanité dont la condamnation doit être universelle. Le temps ne diminue en rien la responsabilité de ses auteurs et il n'y a pas de péremption pour un tel crime ». (C'est nous qui soulignons).

Cette publication vise à briser le silence qui entoure tragiquement ce génocide, et à appeler tous les patriotes qui détiennent une parcelle d'information sur ce drame, aussi petite soit-elle, à la livrer, pour la postérité. Elle appelle à la concertation, à un travail collectif et organisé, dirigé par une structure centrale consensuelle. Depuis quelques années, des recherches isolées ont été entreprises dans certains villages bamiléké. Certaines chefferies ont organisé des funérailles à la mémoire des victimes à une échelle réduite. La concertation rendrait ces démarches plus efficaces et plus crédibles. Cette publication est également un appel pour une Conférence Internationale sur ce génocide, sur laquelle un groupe de patriotes travaillent en ce moment à Londres.

Pourquoi une Conférence Internationale ? Elle permettra de donner un impact mondial à la démarche, et brisera l'isolement des recherches menées par des volontés individuelles. A propos de cette Conférence Internationale, voici les avis de deux grands intellectuels, les Professeurs Jean-Louis Dongmo et Mongo Béti. Répondant à la lettre d'invitation pour cette conférence, le Pr Dongmo a écrit : "En m'excusant du léger retard mis à vous répondre, je voudrais par la présente, d'abord vous remercier de m'avoir invité à participer au colloque de Londres sur le génocide bamiléké, et vous dire que je suis tout à fait intéressé à prendre part à ces assises. En effet, il s'agit d'un problème qui me préoccupe depuis longtemps, et je suis content de savoir que l'occasion va m'être donnée d'en discuter avec d'autres personnes, et surtout de lui faire acquérir aux yeux du monde l'importance qu'il mérite" (C'est nous qui soulignons).

Le Pr Dongmo est Doyen de la Faculté des lettres, des arts, et sciences humaines. Mongo Béti, qu'on ne présente plus, répondant à la même invitation, a écrit "Bien sûr, je participerai volontiers à la manifestation que vous envisagez d'organiser. Le génocide dont les bamiléké ont été victimes fait de moins en moins l'objet d'un doute. Voyez par exemple le livre de Verschave *"La Francafrique"*. Ce qui manque, ce sont les chiffres. Il y a probablement des centaines de milliers de morts. Nous avons un devoir de mémoire sur cet épisode tragique de notre histoire nationale. Vous avez ma totale approbation" (C'est nous qui soulignons).

Plusieurs chercheurs et Historiens Occidentaux sont également intéressés par cette Conférence.

Depuis des années, un grand philosophe camerounais, le Pr Sindjoun Pokam, défend une thèse qui ne relève plus seulement des revendications intellectuelles. DES FUNERAILLES COLLECTIVES ORGANISEES A LA MEMOIRE DES VICTIMES DE CE GENOCIDE. Les revendications du Pr Sindjoun sont fondées, légitimes, et voici pourquoi : dans la civilisation bamiléké, lorsqu'on perd un membre de la famille, on porte son deuil et on organise ses funérailles. Les funérailles sont, chez les bamiléké, le dernier rempart qui résiste farouchement aux assauts aliénants et dévastateurs des apports extérieurs. Une communauté, quel que soit son degré de développement, a besoin de repères. Dans les mœurs bamiléké les plus ancrées, les vivants entretiennent avec leurs morts tout un faisceau de relations, d'obligations constituées de rites divers.

Ce sont ces rites qui garantissent la cohésion, la morale, l'ordre social et la survie du groupe. Une communauté ne peut ignorer cela sans voir son tissu social se disloquer en lambeaux. Les funérailles sont cette vigilance qui rappelle à chaque peuple son devoir envers les morts. Les revendications du Pr Sindjoun ont un fondement à la fois historique et culturel. Un grand nombre de bamiléké de tous les âges et de toutes les couches sociales commencent à découvrir et à comprendre le bien-fondé de ces funérailles. Depuis 3 ans déjà, quelques associations travaillent dans cette perspective sur place au Cameroun. Parmi elles, " Binam 21ème Siècle", que dirigent le Pr Nimangue, Ti-Hemadeu et l'ingénieur Djouteu Dieudonné et qui travaillent avec les rois bamiléké "Poola'a " qui est à la pointe de ce combat, et des personnalités politiques de premier plan comme M. Albert Dzongang, Dr Njapom Paul, Me Mbami Augustin, ou même Jean-Michel Nintcheu... L'autre but de cette publication est de susciter un débat général sur cette question fondamentale. Les bamiléké restent un peuple en deuil, et le temps ne fera rien à l'affaire. Chaque fille ou fils bamiléké porte en lui ou en elle une part de malédiction.

Les massacres de la France doivent faire l'objet d'un débat national et devraient désormais conditionner et déterminer le type de rapports que les Bamiléké, grand réservoir électoral, doivent entretenir avec les Hommes politiques. Et ce débat doit commencer, dès aujourd'hui, par l'Assemblée Nationale. Les instruments juridiques internationaux offrent aux députés camerounais des armes d'une très grande efficacité. Il leur suffira de s'appuyer dessus. En 1948, l'Assemblée générale des Nations Unies adoptait une convention proscrivant la pratique du génocide.

L'article 1er stipule : " Sont caractéristiques du génocide, le fait de détruire tout ou partie d'un groupe national, ethnique, racial ou religieux.

Article 2 : "Les actes visés peuvent être le meurtre des membres du groupe, les atteintes graves à l'intégrité physique ou mentale des membres du groupe, la soumission intentionnelle du groupe à des conditions d'existence devant entraîner sa destruction physique, totale ou partielle, les mesures visant à entraver les naissances au sein du groupe ou le transfert forcé d'enfants d'un groupe à un autre groupe".

Article 3 : "Le crime de génocide recouvre non seulement la mise en œuvre du génocide, mais aussi toute tentative de le réaliser ainsi que la complicité ou l'incitation à la perpétrer ".

Article 4 : "Toutes personnes s'étant rendues coupables de ce crime doivent être punies, quel que soit le degré de leur implication" dirigeants constitutionnellement responsables" agents publics de l'Etat et personnes privées ».

Article 7 : " Les personnes accusées de génocide sont jugées par un tribunal compétent de l'Etat, sur le territoire duquel le génocide a été commis ou par un tribunal international".

Les Parlementaires camerounais qui débattent actuellement des lois à l'hémicycle à Yaoundé ont ici une occasion d'entrer dans l'histoire. Ce débat parlementaire doit intégrer cinq éléments vitaux :

1. La création d'une commission d'enquête parlementaire sur ce génocide, y compris sur les massacres commis en pays Bassa.
2. L'inscription au programme dans les manuels d'histoire de cette période tragique de l'histoire du Cameroun.
3. L'interpellation officielle de la France pour l'ouverture de ses archives.
4. La demande d'ouverture des archives camerounaises avec appel aux témoins et leur audition.
5. L'amendement d'une loi relative à l'édification d'un monument à la mémoire des victimes de ce génocide et autorisant le deuil.

Les Présidents des groupes parlementaires des différentes formations politiques siégeant à l'Assemblée Nationale camerounaise sont directement interpellés et doivent prendre des dispositions nécessaires afin que cette question soit inscrite à l'ordre du jour de la prochaine rentrée parlementaire.

Il s'agit particulièrement du RDPC, du SDF, de l'UNDP, et de L'UPC. Chacun de ces groupes a reçu ou recevra une requête dans ce sens. Compte tenu de la sensibilité de la question, certains Députés vont chercher à se dérober et à esquiver le sujet. Il se trouvera certainement des Parlementaires courageux pour briser le signe indien. Et l'histoire retiendra. Chaque bamiléké, quelle que soit sa condition sociale, où qu'il se trouve, doit intégrer cette question dans sa façon de regarder le Cameroun. Au fait, le progrès et la prospérité du Cameroun sont assujettis à ce problème qui doit libérer le Cameroun, mentalement, psychologiquement et politiquement parlant.

Ce document n'a pas pour intention de réveiller les vieux démons du tribalisme sur lequel les gouvernements camerounais successifs ont misé pour régner depuis 40 ans. Il ne donne pas l'occasion à quiconque de l'évoquer pour l'exploiter à des fins criminelles. Il le condamne. Il ne s'adresse pas aux Français en tant que peuple, mais à leur gouvernement.

L'évocation de la responsabilité directe du Général de Gaulle n'est pas une atteinte à la Mémoire historique du peuple français. Les informations sur certaines questions sensibles, tel que l'emplacement des charniers en pays bamiléké, ne sont pas publiées ici pour des raisons évidentes.

Ce document est public. Sa diffusion et son exploitation n'ont pas besoin d'autorisation. Ses éventuels lecteurs peuvent le diffuser autant que possible. Il n'a pas la prétention d'avoir fait une découverte. Il est ouvert à toutes les critiques, d'où qu'elles viennent. Si vous souhaitez être tenu régulièrement au courant de l'évolution des recherches, si vous avez une contribution intellectuelle, matérielle ou un témoignage à faire, écrivez à l'une des adresses ci-dessous. Si vous êtes intéressé par la conférence internationale de Londres, écrivez à l'adresse appropriée. Le travail qui commence maintenant ira à son terme. Peu importe la durée. Il donnera au moins aux générations futures des repères. Afin que nul n'en ignore.

Brice Nitcheu
Londres, le 17 Août 2000
Contacts :
Brice Nitcheu
Président de la Coordination Internationale de Poola'a
99, Gurney Close
London Barking
IG11 8JY

Le problème bamiléké du colonel Lamberton au Général Asso'o

En mars 1960, le colonel Lamberton écrit : « le Cameroun s'engage sur les chemins de l'indépendance avec, dans sa chaussure, un caillou bien gênant. Ce caillou, c'est la présence d'une minorité ethnique : les Bamiléké »[1].

En septembre 2005, le général ASSO'O déclare : « les Bamiléké ont tout et volent tout... »[2]. De la déclaration du Colonel LAMBERTON à celle du Général Asso'o, quarante-cinq ans se sont déroulés, au cours desquels une littérature de haine contre les Bamiléké s'est formée systématiquement. Une tradition de bamiphobie s'est construite à partir des thèses inaugurales du colonel Lamberton. Le contexte historique dans lequel s'inscrit le discours de Jean Lamberton est celui de la lutte armée de libération nationale du peuple camerounais. De cette lutte, l'historien Richard Joseph écrit : « Mais ce que Um Nyobe essayait d'éviter en principe, se réalisait dans les puits. Seul le peuple Bassa'a fut mêlé à une importante activité de guérilla jusqu'à la mort de Um Nyobe en 1958 ; et après 1958, ce furent les Bamiléké qui ouvrirent les vannes à une vague d'une violence considérable »[3].

---

[1] Le Colonel J. Lamberton, *Revue de la défense nationale*, Paris, 16ème année, mars 1960, pp. 161-177.
[2] Général Asso'o, interview, *Nouvelle Afrique* n° 160 du 15 septembre 2005, voir aussi *Le Messager* n° 2005 du 14 novembre 2005.
[3] Richard Joseph, *Le mouvement nationaliste camerounais*, éd. Paris, Karthala, 1986, p. 360.

Après le peuple Bassa, qui le premier prend les armes pour la libération nationale, le peuple Bamiléké intervient et radicalise la lutte armée. C'est cette lutte qui inquiète le colonel français. De là, sa thèse : « *En fait, les Bamiléké forment un peuple. Il suffit pour s'en convaincre de considérer leur nombre, leur histoire, leur structure sociale et leur dynamisme. Qu'un groupe homogène de populations nègres réunisse tant de facteurs de puissance et de cohésion n'est pas si banal en Afrique Centrale, au Cameroun, du moins, le phénomène Bamiléké est sans équivalent* »[4].

Cette thèse est au fondement de ce qu'on a appelé la volonté hégémonique des Bamiléké. Il est revenu au philosophe Mono Ndjana de manifester le concept.

Des Bamiléké, le philosophe Mono Ndjana écrit : « *L'ethnofascisme, c'est la volonté de puissance d'une ethnie, ou l'expression de son désir hégémonique qui prend soit la forme du discours théorique, soit celle d'une mêlée ouverte dans la polémique, soit d'une organisation systématique sous forme d'un mercantilisme conquérant* »[5]. Ici, le philosophe MONO NDJANA s'affirme l'héritier du colonel J. LAMBERTON. Il y a comme un destin posthume des thèses de J. LAMBERTON sur la littérature politique camerounaise, notamment celle-ci : « *L'histoire obscure des Bamiléké n'aurait d'autre intérêt qu'anecdotique si elle ne révélait à quel point ce peuple est étranger au Cameroun. Le gros de la population camerounaise appartient sans doute au groupe bantou, pour les Bamiléké, c'est moins sûr* »[6]. C'est

---

[4] J. Lamberton, op. cit.
[5] Mono Ndjana, « De l'ethnofascisme dans la littérature politique camerounaise », table ronde, Université de Ydé, 11 mars 1987.
[6] Lamberton, op. cit.

le mouvement anti-Bamiléké Sawa de juin 1996 qui va donner au statut d'étranger qui frappe les Bamiléké à partir du discours idéologico-politique de Lamberton, sa portée opératoire. Jean-Jacques Ekindi, polytechnicien et homme politique est l'un des idéologues de ce mouvement Sawa, anti-bamiléké. Dans l'un de ses manifestes, on peut lire : « *Considérant que tous les Sawa sont les descendants directs des peuples qui ont créé les localités qui se situent dans les terres actuelles des régions du Littoral et du Sud-ouest [.,.] et ce, avant les différentes invasions, la colonisation européenne et la formation de l'Etat du Cameroun* ", *considérant encore qu'une partie de ces terres est habitée aujourd'hui par des allogènes [...], Considérant aussi que ces allogènes sont devenus dominants par le nombre [...], Considérant enfin que l'occupation d'une terre ne saurait conférer le droit au terroir, déclarons solennellement que le problème le plus préoccupant du peuple indigène Sawa est la menace organisée contre notre survie collective par la section étrangère Graffi au sein même des communautés Sawa* »[7].

Cette déclaration est unique dans les annales de la littérature politique camerounaise. Elle porte au plus haut point la haine de l'Autre. Elle fait des Bamiléké des sujets étrangers au sein de la communauté nationale. Elle exclut les Bamiléké de l'espace politique national.

Les concepts de minorité, d'autochtone et d'allogène qui structurent le discours idéologico-politique du mouvement Sawa prennent leur source dans le rapport d'un comité de réflexion, commandé par le Président de la République et dont le Professeur agrégé, Joseph OWONA est le rapporteur. Dans ce rapport, la communauté Bamiléké est

---

[7] Déclaration du 15 juin 1996, *Galaxie* n° 191 du 17 juin 1996.

posée comme ce qui menace le nouveau corps politique en train de se construire[8].

La constitution du 18 janvier 1996 a consacré le couple minorité/autochtone. Le mouvement Sawa s'est emparé de ces notions ambiguës pour promouvoir une littérature de haine contre les Bamiléké. De l'Affaire Mgr Simo à celle de l'Archevêque Wouking, l'église catholique est aussi aux prises avec cette littérature de haine. Elle a peine à éviter la bamiphobie.

« *Pour une plus grande maîtrise de la puissance financière, il faut maîtriser le pouvoir politique. L'alliance des puissances d'argent avec l'homme Bamiléké est donc orientée, pensons-nous vers la conquête du pouvoir politique au Cameroun et par conséquent des points stratégiques du territoire national. La mainmise sur le siège archiépiscopal du processus de bamilékisation de la hiérarchie tend naturellement vers la prise du pouvoir politique. Le Nord est pratiquement conquis, l'Est aussi, l'Ouest déjà. Il ne restait que le Littoral, c'est-à-dire Douala et la boucle est bouclée* »[9].

Inaugurée par le colonel français J. Lamberton, une littérature de haine contre les Bamiléké s'est développée avec vigueur et rigueur. La dernière intervention du Général Asso'o s'inscrit dans la logique de cette littérature de haine.

Mais l'enjeu politique du discours du Général Asso'o est immense. Il somme l'esprit philosophe d'avoir à s'y pencher sérieusement.

---

[8] Rapport du comité de réflexion de l'UNC, 2 novembre 1984, rapporteur, professeur Joseph Owona, publié dans Collectif *Changer le Cameroun*, pp. 128- 141.
[9] Clergé de Douala, Mémorandum/Eclairage nouveau, Douala, 16 mars 1987.

Le discours du Général Asso'o s'inscrit dans un champ politique miné par un mal radical : la corruption. A ce propos, le Président de la République déclare : « *Mais il y a plus grave. Je veux parler de la corruption que j'ai souvent dénoncée mais qui continue à sévir. Il y a également une totale incompatibilité entre les efforts que nous déployons pour faire reculer la pauvreté et l'enrichissement scandaleux de quelques-uns. Le détournement des fonds publics se fait, faut-il le rappeler, au détriment de la communauté nationale. Je voudrais aujourd'hui dire très solennellement qu'il faut que cela cesse* »[10].

Une catégorie émerge du discours présidentiel : quelques-uns. Cette catégorie subsume la corruption sous sa forme extrême. Elle incarne aux yeux de l'homme d'Etat, la corruption absolue. Dans la logique du discours du Général Asso'o, cette catégorie, ces quelques-uns, ce sont les Bamiléké qui ont tout et qui volent tout.

Ici, se révèle le caractère haineux et belliqueux du discours du Général Asso'o. De là, notre thèse : Avec ce discours, est mis en place un mécanisme de bouc émissaire. Le Bamiléké en est l'incarnation.

Que dit le général Asso'o ?

« *Pourquoi voulez-vous forcer la main au Président de la République ? S'il faut arrêter Ondo Ndong, il faut aussi arrêter Niat Njifenji ; Yves Michel Fotso. Ils ont volé plus que Ondo Ndong* »[11].

Ondo Ndong / Niat Njfenji / Yves Michel Fotso, voici, aux yeux du général Asso'o, la chaîne constitutive de la

---

[10] Discours de Paul Biya du 31 décembre 2005.
[11] Général Asso'o, interview.

corruption. Dans cette chaîne, le Général ASSO'O établit une hiérarchie. Le couple Niat Njifenji / Yves Michel Fotso occupe le sommet de la corruption, tandis que Ondo Ndong est placé au bas de l'échelle. Cette hiérarchisation dans l'ordre de la corruption qu'établit le général Asso'o est destinée à nous faire accueillir sa thèse centrale et tribale :

« *Les Bamiléké ont tout et volent tout...* »[12]. Pour l'esprit philosophe, cette thèse du général Asso'o est inadmissible, insupportable, insoutenable et injustifiable. Venant d'un officier Supérieur et général de l'armée, cette thèse est condamnable et doit l'être par les instances compétentes. L'esprit philosophe quant à lui, ne peut être que vigoureusement contre une thèse qui donne à penser qu'une communauté, dans sa totalité, puisse incarner seule le mal radical qui ici s'appelle **la corruption**.

Mais le général Asso'o n'énonce sa thèse sur les Bamiléké en tant que communauté qui a tout et qui vole tout, que pour nous soumettre à une surenchère politico-militaire.

« *En tout cas, j'ai dit à Biya qu'ONDO NDONG ne doit être arrêté sous aucun prétexte, il me soutient, moi qui soutient Biya dans l'armée* »[13].

Monsieur ONDO NDONG jouit de la présomption d'innocence. Mais si jamais, les faits de détournement des fonds publics qui lui sont reprochés se révélaient exacts, le général se verra condamné comme complice.

Mais il y a plus grave dans la déclaration du Général ASSO'O. Il s'agit du rapport du Prince et du soldat ou plus précisément du chef de l'Etat et de l'armée.

---

[12] Asso'o, op. cit.
[13] Ibid.

Pour le philosophe politique que nous sommes, on sait depuis Clausewitz, Général/Philosophe, auteur du monumental Traité : *De la guerre*[14], que c'est le politique qui commande le militaire en tant que intelligence personnifiée de l'Etat.

« *On admet que la politique unit et concilie tous les intérêts de l'administration intérieure, ainsi que ceux de l'humanité et de tout ce que l'esprit philosophique peut concevoir d'autre [...] Que la politique puisse être mal orientée, et se faire le meilleur serviteur des ambitions, des intérêts particuliers ou de la vanité des dirigeants, cela ne nous regarde pas [...] Car l'art de la guerre ne peut en aucun cas être considéré comme son mentor et nous ne pouvons envisager ici la politique qu'à titre de représentant de tous les intérêts de la communauté entière* »[15].

En sommant le Prince d'avoir à le suivre, le Général ASSO'O rompt avec la tradition militaire qui soumet le soldat au Prince. Le général Asso'o quitte Clausewitz et opère un retour brutal à Machiavel.

« *On doit,* écrit Machiavel, *supposer comme démontré qu'un peuple corrompu qui vit sous un prince ne peut devenir lui-même libre, même si ce prince est exterminé avec sa Famille ; encore faut-il que ce soit un autre prince qui se charge de cette extermination. Jamais un tel peuple ne sera en repos avant de s'être donné un nouveau maître, à moins qu'un homme rare, par ses qualités, sa vertu, ne le maintienne dans un Etat de liberté, mais cet Etat ne durera qu'autant que vivra cet homme extraordinaire* »[16].

---

[14] Clausewitz, *De la guerre*, Paris, éd. de Minuit, 1955.
[15] Op. cit, p.705.
[16] Machiavel, *Œuvres complètes*, Paris, Gallimard, 1952, p. 426.

Que devient le problème bamiléké dans un contexte où la corruption est posée comme mal absolu et où le Général de l'affilée, après avoir désigné les Bamiléké comme ce mal absolu, somme le prince d'avoir à soumettre l'Etat au service des intérêts privés ?

Il est revenu au philosophe Eboussi Boulaga de formuler, avec une clarté et une lucidité éblouissantes ce problème bamiléké. Le philosophe Eboussi écrit : « *Qu'est-ce au fait ce problème ? Au niveau psychosociologique, il prend la forme d'un nœud constitué de craintes et de ressentiments antithétiques et contradictoires. D'un côté, des ethnies diverses expriment leur crainte de la puissance économique et financière des Bamiléké, de leur présence massive dans tous les secteurs qu'ils occupent et transforment en fiefs, en pratiquant l'exclusion, au prix de la corruption, de la falsification et de passe-droits. Dès lors, la dernière ligne de défense, c'est le pouvoir exécutif. Si cet ultime bastion tombait, ce serait, comme à la rupture d'un barrage, un déferlement qui dévasterait tout sur son passage : les autres groupes, mais aussi les institutions du bien commun* »[17].

De là, l'urgence d'une coalition fondée sur la peur : « *Il n'empêche que ces peurs et ces rancœurs, fondées ou non, ont pour effet de susciter une coalition hétéroclite qui a pour objectif de les tenir éloignés du pouvoir suprême. Leur seule existence est un problème politique* »[18].

Comment assumer l'existence politique des Bamiléké en évitant le génocide ? Le philosophe Eboussi ouvre le débat et note : « *Un sophisme qui est une naturalisation,*

---

[17] Fabien Eboussi Boulaga, *La démocratie de transit au Cameroun*, Paris, éd. L'Harmattan, 1997, p.331.
[18] Op. cit., p. 332.

une réduction au statut d'objet qu'on peut vouer à la destruction sans remords. On dote d'une solidarité mécanique et d'un destin unique des hommes aux intérêts divers, parfois incompatibles, du fait de leur appartenance à des couches, à des classes sociales différentes. La crainte du pillage aveugle de ses biens, ou de lynchage, de mille petites exclusions quotidiennes avant le grand massacre... »[19].

Tel est le tragique destin qu'une littérature de haine prépare pour le peuple bamiléké. La déclaration du Général Asso'o marque un tournant dans cette littérature de haine. Les Bamiléké ont tout et volent tout, dit le général Asso'o. A cette formule brutale et provocante, le philosophe voudrait pouvoir ajouter : les Bamiléké ont tout. Mais qu'ont-ils été jusqu'ici dans l'ordre politique ? Rien. De là notre thèse : les bamiléké ont tout, dit le général Asso'o. Ce tout doit être mis en œuvre pour permettre aux bamiléké d'être quelque chose, c'est-à-dire de sortir de leur nullité politique. Il y va de leur survie collective.

SINDJOUN POKAM
Philosophe/Ecrivain
sindjounpokam@yahoo.Fr.

---

[19] Ibid.

Le reportage à problème

> *Publié dans* Jeune Afrique *n°2481 du 27 juillet au 02 août 2008, page 22, dans la rubrique Grand reportage, sous la signature de MURIEL DEVEY, envoyée spéciale.*

Cameroun bienvenu,

Il n'est guère de population qui fascine autant que cette communauté de l'Ouest camerounais. Pour son attachement à ses traditions, mais aussi parce que son dynamisme lui a permis de contrôler de nombreux secteurs de l'économie nationale. Une réussite qui, alimentant des soupçons d'hégémonisme, suscite de nombreux fantasmes.

Tout n'est pas politique, même si tout y ramène. En publiant ce grand reportage sur l'une des communautés les plus connues, les plus mystérieuses, les plus admirées mais aussi les plus controversées d'Afrique centrale, J.A. ne fait pas que sacrifier à l'heureuse mode des sujets de société en période de vacances.

Il ne s'agit pas là non plus de privilégier une quelconque approche essentialiste et ethno centrée de la réalité camerounaise : si, en quarante-neuf ans d'existence, cet hebdomadaire n'a jamais versé dans le tribalisme, ce n'est certes pas pour commencer aujourd'hui. Mais chacun sait désormais qu'une nation est aussi faite d'identités qui ne deviennent antagonistes que lorsqu'elles sont niées. Or, justement, les Bamilékés ont leur tradition, leur mode de vie, leur histoire propres, qui se fondent depuis un demi-siècle dans celles de l'ensemble des Camerounais, tout en conservant une puissante originalité. Rarement population aura suscité autant de fantasmes et de réactions contrastées que celle-là. Raison de plus pour mieux la découvrir.

Après les Berbères et les Touaregs, auxquels J.A. a consacré des dossiers ces dernières années, voici donc les Bamis. En attendant les Dioulas, les Peuls, les Haoussas, les Kongos, les Zoulous et tous ces ensembles humains et culturels qui font la richesse d'un continent.

La foule est silencieuse. Même les oiseaux de la forêt sacrée, toute proche, ne piaillent plus. Comme s'ils avaient deviné que le monde est grave. Tout à coup, le son du clairon déchire le silence. La dépouille mortelle arrive, suivie de la famille éplorée.

Nous sommes à Bafoussam, sur la place des fêtes de la chefferie, où une foule nombreuse s'est rassemblée pour rendre un dernier hommage au défunt. Au centre, la famille. Sur un côté, les chefs, dans leur tenue d'apparat, une peau de panthère à leurs pieds. Dans une tribune, les officiels. Un peu plus loin, des notables. Ailleurs, les autres invités.

Si tous les deuils bamilékés ne réunissent pas autant de beau monde, ils restent des rites sacrés. Ce ne sont pas les seules traditions que les « originaires » de la province de l'Ouest, une zone montagneuse au climat relativement tempéré, propice à l'agriculture, ont en commun. Il y a aussi les funérailles, autre rituel en hommage aux défunts qui survient plus tard, et le culte des crânes - cérémonies qui consiste à « tirer » (déterrer) les crânes des défunts et à les placer dans une case spécifique où l'on ira prier et nourrir les ancêtres. Sans oublier la chefferie, une institution contrôlée par une assemblée de notables et régie par un protocole très strict.

Le sens des affaires est une caractéristique attribuée aux Bamilékés. « On nous apprend très jeunes à nous débrouiller et à épargner », explique Jean-Claude, un jeune de Bafang. Mais ce dynamisme ne serait rien sans la capacité d'organisation et la solidarité dont ils ont le secret. Tout part de la chefferie. Chaque chef a un représentant là où se trouvent ses sujets, y compris à l'étranger. Sa mission est de maintenir les traditions, préserver les intérêts de la communauté, régler problèmes et conflits et rendre compte à qui de droit. La majorité semble y trouver son compte, puisqu'elle est ainsi informée de ce qui se passe au village, apprend les subtilités des coutumes et se sent épaulée. « Les amis de la ville, c'est quand on est en bonne santé. Mais quand ça va mal, ce sont les gens du village qui t'aident », assure Marie.

Outre les tontines, qui permettent à leurs membres de disposer à tour de rôle d'un petit magot, utilisé à diverses fins, en ville, les originaires d'un même village se regroupent en association. Objectif : engager des actions tant au village qu'au quartier. La diaspora n'y échappe pas. Tous les ans, des « congrès » sont organisés au village. Une semaine de fêtes d'où l'on revient « gonflé à bloc ».

Voilà ce qui fonderait l'identité bamiléké, nom qui signifierait les « gens nombreux », en Medumba, langue parlée à Bangangté. Mais bien des choses les séparent aussi. Ainsi ne parlent-ils pas la même langue et tous ne se reconnaissent pas sous l'étiquette de Bamiléké. On se présente plutôt comme Bangangté, Bandjoun, Dschang ou Bafoussam. Le nom de sa chefferie d'origine.

L'attachement que portent les Bamiléké à leur village n'exclut pas les critiques. Certains considèrent la chefferie comme peu compatible avec la démocratie. D'autres, qui voudraient seulement la dépoussiérer, stigmatisent son protocole tatillon, la dot et la polygamie, pourtant signe de la puissance du chef, qui doit avoir beaucoup d'enfants. Le droit d'aînesse et les mariages forcés sont de moins en moins acceptés. Plus question non plus de travailler gratuitement pour le chef, une tâche héréditaire qui revenait jadis aux « serviteurs ».

Des chefs, comme Fo'o Sokoudjou, de Bamendjou, ont amorcé des réformes. « Nous avons créé un comité de développement du village, dont je ne suis que le coordonnateur. Je reçois hommes et femmes, et tous sont assis, ce qui n'était pas envisageable jadis », assure-t-il, en désignant du doigt la grande salle de réunions encombrée de chaises, qui jouxte le salon où il reçoit ses invités.

La chefferie est l'objet d'autres types de critiques. Assis devant un soda, dans une gargote de Bangangté, Justin fulmine. « A l'enterrement du préfet à Bafoussam, chaque groupe était dans son coin. Mais il ne faut pas se fier aux apparences ». Sont visées les passerelles établies entre le pouvoir en place et les chefs. Et les petits arrangements entre amis qui s'ensuivent. A en croire Justin, outre le fait qu'ils sont les auxiliaires de l'administration, percevant à ce titre un salaire, ce qui est incompatible avec la tradition, des chefs seraient « vendus aux puissances de l'argent » - bamilékés et autres et au parti du pouvoir, qui utilise la chefferie comme vivier électoral.

Dans la salle, tout le monde opine du bonnet. Echauffé par la discussion et quelques bières, un autre habitué des lieux affirme que même des notables, pourtant gardiens des traditions et maîtres des initiations, qui décidaient autrefois du maintien ou non d'un chef, seraient compromis.

Même son de cloche dans le car qui, en cette fin de dimanche pluvieux, ramène à Douala de jeunes Bamilékés venus passer le week-end au village. « On a introduit le profane dans la chefferie en amenant des ministres et des personnalités dans la forêt sacrée et en leur révélant des secrets », se lamente Josiane. De quoi fâcher les ancêtres, qui n'auraient pas manqué d'exprimer leur colère. C'est ainsi que certains expliquent l'incendie qui a ravagé la chefferie de Bandjoun, en janvier 2005. « Il fallait purifier les lieux », déclare Josiane, apparemment soulagée.

S'ils s'étaient contentés de rester dans leurs montagnes à cultiver leurs traditions et leurs champs, tout y irait pour le mieux. Mais voilà, ils sont allés s'installer partout, en particulier dans les grandes villes, où ils contrôlent de larges pans d'activités – professions libérales, industrie, commerces, taxis et autres. De quoi irriter les « autochtones », qui vivent souvent leur présence comme une invasion. « Quand ils sont arrivés à Douala, on leur a donné un bout de terre, par hospitalité. Peu à peu, ils ont pris tous les terrains », gémit un habitant. Seuls les Bassas se targuent de leur avoir tenu tête : « Ils sont minoritaires dans la Sanaga-Maritime, et, même s'ils épousent nos femmes, leurs enfants mâles n'auront pas nos terres, sauf s'ils renient leur clan paternel ».

Conjuguée à leur sens des affaires, qui expliquerait, entre autres, leur mobilité – « Ils vont là où il y a de l'argent à gagner », ironise Max – leur solidarité effraie. « S'ils ont le pouvoir politique, ils donneront tous les postes à leurs frères », assure Eugène. De quoi fâcher Jean-Paul : « Quand nous créons des emplois à Douala ou à Yaoundé, cela ne développe-t-il pas le Cameroun ! Et, parmi ceux qui font l'objet de mises en examen pour détournement de fonds publics, combien y a-t-il de Bamilékés ? » S'indigne-t-il.

« Allogènes »

Face à leurs détracteurs, les Bamilékés ont souvent la dent dure. « Les autres ne pensent qu'à consommer et à faire la fête », déclare une jeune coiffeuse de Douala. Un médecin préfère fustiger les notions d'allogène et d'autochtone, introduites dans la Constitution de 1996, un moyen selon lui, d'empêcher les Bamilékés d'assumer des fonctions électives hors de leur région d'origine : « Au XXIe siècle, avec l'urbanisation, que valent ces notions ? On sait ce que la référence au village a donné ailleurs. Avec cela, on n'est pas prêt de faire l'unité nationale ». On lui opposera alors que les « allogènes » ne sont guère nombreux dans l'Ouest.

Le rejet que les Bamis suscitent parfois remonterait à la période coloniale. « Il y avait des tribus chouchoutées des colons et des tribus honnies, tels les Bamilékés, qui ont lutté farouchement pour l'indépendance. On nous a appris à nous méfier d'eux », admet Benoît. Après l'indépendance, la lutte que le président Ahmadou Ahidjo a engagée contre l'Union des populations du Cameroun (UPC), dont ils faisaient majoritairement partie, fit de nombreuses victimes dans leurs rangs. On parle d'au moins 200 000 morts.

Le multipartisme n'aurait rien arrangé. « Les élites en place ont peur de perdre le pouvoir, les Bamilékés et les anglophones étant majoritaires numériquement, poursuit Benoît. Elles misent donc sur le repli identitaire pour diviser l'électorat ».

Peur ? Pourtant, les très rares partis dirigés par les Bamilékés, comme l'Union des Forces Démocratiques du Cameroun de Victorien Hameni Bieleu, ou le Mouvement pour la Démocratie et l'Interdépendance de Djeukam Tchameni, ont un poids électoral insignifiant. Certains expliquent cette marginalisation du champ politique par le système de la chefferie. « Personne ne peut donc difficilement émerger comme leader politique. Il peut animer un parti, le financer, mais il ne peut pas en prendre la tête », soutient Benoît.

Au début des années 1990, lorsque la contestation contre le régime du Président Biya a pris de l'ampleur, certains d'entre eux fondèrent le Laakam (nom traditionnel du lieu d'initiation des chefs), association mi-ethnique, mi-politique, dans le but de donner unité et cohérence à la défense de leurs intérêts. Mais l'initiative fit long feu, du fait, notamment, de l'hétérogénéité de ses membres.

Aujourd'hui, ceux qui sont opposés au régime se tournent volontiers vers l'Union Démocratique du Cameroun d'Adamou Ndam Njoya, mais surtout vers le Social Democratic Front (SDF) de l'anglophone John Fru Ndi. A la présidentielle de 2004, dans la province de l'Ouest, le SDF a talonné de très près le Rassemblement Démocratique du Peuple Camerounais (RDPC), le parti au pouvoir, avec 45% des suffrages.

Pragmatisme

Bien sûr, les Bamilékés sont représentés au RDPC. Ils en étaient déjà membres du temps du parti unique. Après une parenthèse, dans les années 1990, ils y sont revenus. C'est sous cette étiquette qu'ils ont gagné 5 sièges dans la province de l'Ouest aux législatives de 2007. Petite victoire toutefois, puisque le SDF en a raflé 15 et l'UDC 5. Les maires RDPC de la province ont été plus chanceux, en remportant la majorité des municipalités. Et toutes celles du département des Bamboutos. Parmi les nouveaux élus, des femmes, dont la dynamique Célestine Keutcha, à Bangangté.

Dans l'actuel gouvernement, cinq portefeuilles sont détenus par des Bamilékés : Jean Kuété, ex-secrétaire exécutif de la Communauté économique et Monétaire de l'Afrique Centrale (CEMAC), occupe le poste de l'Agriculture et du Développement rural, un ministère d'Etat. Clobert Tchatat est au Développement Urbain et l'Habitat ; la pharmacienne Madeleine Tchuenté à la Recherche Scientifique et à l'Innovation ; Jean-Bernard Sindeu à l'Eau et à l'Energie. Quant à Maurice Kamto, il s'est vu attribuer le Ministère Délégué à la Justice. D'aucuns font valoir qu'ils sont la caution bamiléké du régime, qui ne peut pas totalement les marginaliser.

De mauvaises langues diront aussi que les Bamis adhèrent au RDPC moins par conviction que par pragmatisme. Il faut bien faire tourner les affaires. Et, pour cela, avoir la paix. Pour s'assurer la victoire aux élections locales ou à la députation, il faudra bien sûr négocier avec les chefs, en se montrant généreux à leur égard. Et pour cause « Ils ont des besoins illimités, ironise un homme d'affaires. Ils se marient tous les jours, font beaucoup d'enfants et veulent que leur progéniture fasse des études. Tout cela a un coût ».

S'ils n'ont pas de partis qui comptent, les Bamilékés, en revanche, détiennent une bonne partie des médias. Notamment *Le Messager*, *La Nouvelle Expression*, *Le Jour et Ouest Echo*, pour ce qui est de la presse écrite. Dans l'audiovisuel, ils contrôlent Canal 2 International, Radio Equinoxe et Télévision Equinoxe à Douala, Radio Tiemeni Siantou (RTS) à Yaoundé, ainsi qu'une flopée de radio FM et rurales dans la province de l'Ouest.

Les affaires restent toutefois leur terrain de prédilection. Leurs succès dans ce domaine doivent beaucoup au président Ahidjo, qui, au début des années

1960, encouragea la formation d'une bourgeoisie dans cette communauté en échange de l'abandon des luttes dans les maquis de l'UPC. C'est de cette alliance que les André Sohaing, Joseph Kadji Defosso et autres Victor Fotso tirèrent leur réussite.

Ils ont surmonté la crise des années 1980, les opérations villes mortes du début des années 1990, où plus d'une entreprise est tombée sous le couperet des redressements fiscaux. Aujourd'hui, voilà les Chinois. Au début, l'inondation du marché par leurs produits a été un coup dur. Puis les hommes d'affaires Bamilékés se sont ressaisis, en s'installant en Chine ou en rapportant des biens d'équipement, moins chers qu'en Occident. Pas question en tout cas de se faire doubler par les hommes de l'empire du milieu. « Les Chinois copient, on va les copier. Ma devise est "qualité européenne à prix chinois" », déclare Noucti, président du groupe Batoula.

Pour les petits, cependant, la concurrence chinoise ou indopakistanaise est rude. Actuellement, un jeune qui débute dans l'informel met plus de temps qu'autrefois pour épargner et monter un commerce, car les marges sont réduites. « Pour réussir, indique un imprimeur, il faut se situer dans les niches de qualité, là où les Asiatiques n'ont pas encore pris position, aligner 300 millions de FCFA, contre 30 millions auparavant, et disposer d'un savoir-faire éprouvé ». Ce qui n'est pas donné à tout le monde.

« Gentlemen farmers »

Heureusement, la nouvelle génération issue des milieux aisés a fait des études. Elle peut fréquenter l'Université des Montagnes, un établissement privé payant (quelques 2000 dollars par an), créé à Bangangté par le Professeur Lazare Kaptué. Ici, pas d'entrée sans concours et pas de passe-droit, assure-t-on. Cette génération peut compter aussi sur les solides réseaux des aînés, dont les tontines, qui permettent de mobiliser très vite des millions de francs CFA. Le business est aussi l'affaire des chefs. Du moins ceux qui refusent de tendre la main et qui ont investi dans l'agriculture, l'hôtellerie ou le commerce. Pour durer, ces *gentlemen farmers* doivent toutefois apprendre à « gérer une entreprise moderne et s'adapter à la mondialisation », explique David. De toute façon, chefferie ou pas, ce qui importe, c'est de rétablir la moralité à tous les niveaux, y compris dans les affaires, et d'en finir avec le tribalisme. « Arrêtons de diaboliser les Bamilékés. Sans eux, le pays ne décollera pas », martèle le même David.

Les changements viendront-ils des jeunes ? Ces derniers, qui, pour la plupart, sont nés ou ont grandi en ville, ne se reconnaissent guère dans les anciennes étiquettes. « Nous sommes Camerounais, c'est tout. On s'intéresse aux traditions, mais ce qui nous importe c'est d'avoir du travail et d'épouser la femme de notre choix », affirme Romuald, tout en enfourchant une de ses motos taxis qui font vivre tant bien que mal une bonne partie de la jeunesse. En février dernier, n'étaient-ce pas les jeunes qui manifestaient dans les rues contre la vie chère ?

Bamendjou, le 20 Octobre 2008

A Monsieur le Directeur de Publication
- *Le Messager*
- *La Nouvelle Presse*
- *Mutations*
- *Nouvelle Expression*
- *Le Jour*
- *L'Anecdote*
- *Ouest Echo*
- *L'Effort Camerounais*

Objet : *Information*

Monsieur le Directeur de Publication,

Je vous envoie par la présente, copie d'un « droit de réponse » que j'ai adressé au Journal Jeune Afrique, à la suite de son reportage sur le Cameroun publié dans l'édition n° 2481 du 27/07 au 02/08/2008 sous le titre : « Bienvenue chez les Bamilékés ».

J'ai ainsi réagi en ma qualité de Camerounais Bamiléké, jaloux de l'unité encore fragile de notre nation en construction.

Ce « droit de réponse », acheminé par courriel à la rédaction de Jeune Afrique, depuis le 06/10/2008, n'a pas encore été publié dans les éditions qui ont suivi.

Je vous l'envoie dans l'espoir que vous partagez la même préoccupation patriotique que moi, et que vous le publierez ou en ferez bonne exploitation, afin que les Camerounais qui ont été fourvoyés par les contre-vérités tendancieuses de l'envoyée spéciale de Jeune Afrique, aient une vision plus juste et plus rassurante de leurs concitoyens Bamiléké, et de leur volonté de contribuer avec les 200 autres ethnies à la construction d'une nation Camerounaise forte et prospère pour tous ses filles et fils.

En souhaitant que mon « papier » trouve une place dans les colonnes de votre plus prochaine édition, je vous félicite et vous encourage pour le travail vigilant que vous faites déjà pour notre pays.

Avec l'assurance de ma parfaite considération.

Ing. Emmanuel MUKAM
Maire de Bamendjou
Tél. 77 93 20 19
Email : emmastamu@yahoo.fr

« JEUNE AFRIQUE » atteint du syndrome bamiléké ?

Ou

les bamiléké un mal nécessaire au Cameroun ?

« C'est une vérité d'évidence qu'une nation est faite d'identités qui ne deviennent antagonistes que lorsqu'elles sont niées », surtout si cette nation est le fruit - heureux ou malheureux - d'une construction colonialiste.

Pour ce qui est du Cameroun, à moins de vouloir lier le mouvement migratoire des peuples d'Afrique au fait du colonialisme occidental, on ne peut réduire, à un demi-siècle, sans édulcorer l'histoire, l'intégration de la tradition, du mode de vie et de l'histoire des bamiléké dans celles de l'ensemble du Cameroun. Il est indéniable que la colonisation a trouvé sur place au Cameroun, au milieu d'autres communautés camerounaises ceux qui, par simple étiquetage, sont devenus « les bamiléké ».

Nous osons espérer, pour les nombreux lecteurs de JEUNE AFRIQUE, que son envoyée spéciale, Muriel DEVEY ne les a pas convaincus, par un simple coup d'œil frappé de myopie historique, d'avoir découvert pour eux cette population bamiléké dont vous dites qu'elle suscite beaucoup de fantasmes et de réactions contrastées.

En l'occurrence, Mme Muriel DEVEY ne dit qu'en moins bien ce que le monde sait et pense déjà du dynamisme bamiléké et des « soupçons d'hégémonisme » dont il est l'objet, et cela depuis les écrits célèbres du Colonel LAMBERTON.

Cet officier français qui a participé au commandement des troupes françaises ayant massacré les bamiléké au Cameroun de 1959 à 1964 (sous prétexte de lutter contre la rébellion et le terrorisme), a défini les bamiléké dans la Revue française de la Défense, comme « **un caillou dans la chaussure** » du Cameroun.

Rien n'est plus dérangeant qu'un caillou dans la chaussure, surtout lorsque la marche du Cameroun vers son indépendance est programmée pour être faite à pied !... Allusion au rythme de la marche !

En réalité, ce n'est pas l'ignorance de l'histoire du peuple bamiléké que l'on peut reprocher à Muriel DEVEY. Ce serait plutôt sa prétention à faire découvrir au monde un peuple dont elle ignore même l'origine du nom. Et cette prétention nous inquiète au plus haut point, en tant que Camerounais d'origine bamiléké, parce qu'elle est encore plus tendancieuse qu'artificielle. L'envoyée spéciale de *Jeune Afrique*, suggèrerait-elle que le Bamiléké n'est pas Camerounais à part entière, mais entièrement à part au Cameroun ? Et qu'il faudrait peut-être fragiliser un peu son fameux dynamisme à l'origine des « soupçons d'hégémonisme » ?

Pourquoi les gens nombreux ?

Naturellement, dans ce cas, tout mal devant être détruit à partir de ses racines, Muriel DEVEY ne fait l'économie d'aucune contradiction, en mettant en relief d'une part, la capacité d'organisation et de solidarité des bamiléké et la mission des chefferies qui est de maintenir leurs traditions et de préserver les intérêts de la communauté ... et d'autre part, le fait que « bien des choses séparent les bamiléké qui ne parlent pas la même langue et ne se reconnaissent pas sous l'étiquette bamiléké » (sic).

Dans un contexte sociopolitique où l'expression démocratique est biaisée parce que les bamiléké représenteraient une majorité sociologique susceptible de se transformer en **majorité politique « automatique »**, pensez-vous qu'il soit innocent de convoquer le « Medumba » pour expliquer que bamiléké veut dire **« les gens nombreux »** ? Certes, on pourrait croire à une faiblesse d'investigation. Mais dans quelle langue peut-on manquer de bon sens au point de désigner une communauté par le poids de son nombre ? Comment les Bangangté désigneraient-ils les Chinois en Medumba ? En l'absence de chiffres officiels de recensement général de la population, quelle est l'évidence que les bamiléké soient **« les gens (les plus) nombreux »** au Cameroun ?

Le fait par ailleurs de vouloir identifier les Bamiléké seulement par leur nombre et le repli sur leurs traditions - **« c'est ce qui fonde l'identité bamiléké »**, dites-vous - n'est pas plus innocent non plus que de dire qu'en fait le Bamiléké ne s'accepte pas comme tel, et « se présente plutôt comme Bangangté, Bandjoun, Dschang, ou Bafoussam... le nom de sa chefferie d'origine ». Il faut bien que le caillou se casse et s'émiette pour sortir de la chaussure !...

Mme DEVEY qui a pris son billet d'avion pour venir jusqu'au Cameroun – supposons-nous – aurait pu faire un crochet dans la ville touristique de Dschang, aux sources du mot bamiléké, où des patriarches l'auraient édifiée sur les origines du mot.... Elle aurait compris que si « nos ancêtres les gaulois » avaient pris la peine d'étudier le peuple qu'ils venaient soumettre, les Bamiléké n'auraient pas figuré dans le livre d'Etat civil seulement comme les gens d'un lieu, d'une vallée en l'occurrence (Po-meléké), mais comme descendants des Tikars...

Malheureusement pour elle, je ne suis pas historien, et souhaite simplement faire comprendre à l'envoyée spéciale de *Jeune Afrique* que le mot bamiléké n'est pas une identification socio-anthropologique, mais une étiquette basée sur un espace géographique. C'est comme si on débaptisait tous les peuples du Sahara pour les étiqueter sahéliens...

Parce que je ne suis pas historien, je ne puis expliquer à Muriel ni pourquoi, ni comment, ni à quel moment de l'histoire toutes les tribus familiales dites « Bamiléké », descendues du peuple Tikar de l'Adamaoua... sont devenues, sans autre forme d'identification spécifique que leur appartenance au lieu géographique où on les croit d'origine.

C'est un fait que le système colonial français n'a jamais digéré la gouvernance monarchique bamiléké qu'il a rebaptisée « **chefferie traditionnelle** », par rapport naturellement à la « **chefferie moderne** » **caporalisée** qu'étaient les cellules d'administration coloniale. La monarchie bamiléké représentait à ses yeux un facteur d'ordre socioculturel hostile à la pénétration culturelle coloniale, avant de devenir plus tard un obstacle potentiel à la domination des intérêts économiques français.

De roi à chef traditionnel

Tel peut être considéré comme une cause, voire la cause lointaine et programmée de la lente érosion philosophique et structurelle des royaumes bamiléké, dont l'autorité traditionnelle se trouve actuellement quasiment aliénée à l'administration d'Etat et aux partis politiques, pour des raisons de sécurité matérielle évidentes... Rien d'étonnant par conséquent à ce que nos **rois** - rebaptisés « **chefs traditionnels** » - soient plutôt rassurés d'être des auxiliaires de l'administration, « vendus aux puissances d'argent » comme vous l'affirmez plutôt joyeusement.

Il est déplorable que la société bamiléké perde ses repères à travers le long processus de déconstruction cultuelle qui lui a été imposé et qui, aujourd'hui, semble viser l'extinction de ses « chefferies traditionnelles » sous le prétexte mal imaginé **« d'incompatibilité des monarchies avec la démocratie »**.

Dieu merci, l'œuvre coloniale de déconstruction du dynamisme bamiléké - qui n'a réussi que partiellement - n'a pas encore pu isoler les Bamiléké de ou dans la nation camerounaise. Le Bamiléké camerounais que je suis, en dépit de tous les efforts politiciens des héritiers de LAMBERTON à faire de lui un étranger au Cameroun, est parfaitement conscient de la réalité incontournable d'une nation camerounaise à bâtir, avec tous ceux qui partagent son territoire et son destin par le droit du sol et du sang.

C'est donc, avec une double légitimité de Camerounais Bamiléké, ou Bamiléké Camerounais, que je proteste fermement contre les allégations malveillantes et tendancieuses, à mon avis, offertes aux lecteurs de *Jeune Afrique,* sur les Bamiléké du Cameroun, dans son édition du 27 Juillet 2008.

En tant qu'ingénieur et entrepreneur en Bâtiment et Travaux Publics, je suis à l'aise pour vous expliquer, Mme DEVEY, comment les Camerounais veulent construire leur nation forte et prospère et en faire un ouvrage en béton armé.

Pour construire un ouvrage en béton armé, les matériaux à utiliser sont : Gravier, sable, ciment et eau (tribus) ; ensuite, il faut un moule que nous appelons coffrage (territoire), puis les moyens techniques qui vont de la truelle du maçon, au vibreur, en passant par la pelle de l'ouvrier, la brouette, la bétonnière, les échafaudages, etc… (la politique) et enfin, les ressources humaines qui vont de l'architecte au manœuvre du chantier, sans parler du second œuvre complémentaire pour l'embellissement de l'ouvrage.

Pris à part, aucun des ces éléments pourtant tous indispensables ne construirait l'ouvrage. Mais, si un seul en est isolé et marginalisé ou absent, l'ouvrage porte en lui le germe de son effondrement. Vous aurez compris que pour moi, le Cameroun est aujourd'hui à l'image de cet ouvrage en béton armé, que tous ses fils, de toutes les ethnies et cultures doivent servir à construire.

De qui Mme DEVEY a-t-elle reçu le mandat de semer de la zizanie dans les matériaux divers, mais tous utiles dont l'ajustement divin de la nature a doté les dirigeants bâtisseurs du Cameroun ? Voici ce que vous écrivez :

> -« S'ils s'étaient contentés de rester dans leurs montagnes à cultiver leurs traditions et leurs champs, tout irait pour le mieux. Mais voilà, ils sont allés s'installer partout, en particulier dans les grandes villes, où ils contrôlent de larges activités – professions libérales, industries, commerces, taxis et autres. De quoi irriter les « autochtones », qui vivent souvent leur présence comme une invasion ».

Si de tels propos n'étaient pas puérils et si la nation camerounaise profonde était dupe des stratégies clientélistes des politiques, que croyez-vous que vos phrases irresponsables entraîneraient dans les villes comme Douala sinon de l'animosité interethnique et les tentations de haines, alors que cette quasi mégapole doit préfigurer l'intégration nationale ?

- « Conjuguée à leur sens des affaires, qui expliquerait, entre autres leur mobilité – « Ils vont là où il y a de l'argent à gagner », ironise Max -, leur solidarité effraie. « S'ils ont le pouvoir politique, ils donneront tous les postes à leurs frères ».

Certes, si Max, Eugène, Jean-Paul et autres... ne sont pas le fruit de l'imagination de Muriel DEVEY, je conviendrai que les opinions sont libres. Mais nul commentaire du journal ne prend de distance à l'égard d'une affirmation injurieuse selon laquelle le pouvoir politique chez les Bamiléké ne servirait qu'à donner des postes... Des postes de profit sans doute, puisque s'il s'agissait de postes de responsabilités, ils iraient au mérite dont la fraternité n'est pas le déterminant.

Gouvernance bamiléké

Dans le système politique Bamiléké, les normes de Gouvernance interdisent au roi de gouverner avec les princes. Il ne peut attribuer des fonctions gouvernantes (ou administratives) qu'aux notables du peuple. C'est donc une contre-vérité d'insinuer que la démocratie signifierait pour les Bamiléké une distribution joyeuse de prébendes tribales, comme cela se voit chez d'autres... Par ailleurs, ce n'est pas parce qu'on veut absolument désigner les Bamiléké à la vindicte des autres qu'il faut leur prêter globalement l'intention de revendiquer le martyr de la lutte « farouche » pour l'indépendance. Lutte à laquelle chacun ne pouvait à l'époque sacrifier que les moyens (intellectuels et matériels) dont il disposait et selon son niveau de conscience de la domination coloniale.

Si je ne rappelle pas à Mme DEVEY que la politique est une chose trop sérieuse pour que s'en mêlent des journalistes sans culture (ou connaisseurs mais mal intentionnés), c'est par simple politesse. Le fait pour un citoyen de ne pas adhérer à un parti politique ne traduit pas forcément une « **marginalisation du champ politique** ». C'est par contre un moyen sûr de ne pas tribaliser la politique lorsque d'aventure il est en face d'un parti politique basé sur l'ethnie, du genre « parti bamiléké ». Pourquoi le poids électoral d'un parti politique devrait-il dépendre de l'ethnie de son leader ? Pourquoi au point que Mme DEVEY trouve un certain Benoît – qui peut être n'importe qui – pour affirmer qu' « **un bami peut donc difficilement émerger comme leader politique** », et ne peut que « **animer un parti, le financer** » sans pouvoir en prendre tête » ?

Et si c'était vraiment le cas, pourquoi Benoît en tiendrait-il responsable « **le système de chefferie** », plutôt que le **système électoral** qui semble manifestement conçu pour empêcher que les Bamiléké transforment une majorité sociologique supposée en majorité électorale « automatique ».

En définitive, sur le plan politique, du moins, Mme DEVEY est venue au Cameroun pour donner à voir au monde qu'en fait, ces Bamiléké dont on parle tant, ne sont que des manchots politiques, incapables de créer un parti politique bamiléké, parce que la chefferie les en empêche, et donc obligés de squatter sous le parapluie de l'UDC de NDAM NJOYA, ou du SDF de l'anglophone John FRU NDI, s'ils sont opposés au régime en place.

C'est bien le genre d'analyse que l'on balaierait une fois de plus comme enfantine ou idiote, si elle ne rappelait un schéma déjà connu dans la presse occidentale et assimilée, et selon lequel, au Cameroun, ce qui caractérise les actions et les fonctions politiques, voire économiques, c'est d'abord l'appartenance au « Sud chrétien », au

« Nord musulman », à l'anglophonie ou à la francophonie, au bamiléké ou au béti, etc. ...

Divisionnisme...

Le référent lointain de cette vision occidentale du Cameroun ne peut être que l'enseignement du Maréchal LYAUTEY, le pacificateur de coloniale mémoire qui disait : **« S'il y a des mœurs et des coutumes à respecter, il y a aussi des haines et des rivalités qu'il faut démêler et utiliser à notre profit, en opposant les unes aux autres, en s'appuyant sur les unes pour mieux vaincre les autres... »**

Non seulement le reportage de Muriel DEVEY va tout à fait dans ce sens, comme si elle en avait reçu mission, mais aussi elle étonne finalement par la vision globalement réductrice qu'elle a des bamilékés paradoxalement présentés en même temps comme épouvantail dangereux.

Les Bamiléké n'ont pas de parti qui compte, selon Mme DEVEY, alors ils se sont battus pour avoir quelques sièges dans les partis des autres... aux législatives de 2007 (5 au RDPC, 15 au SDF et 5 à l'UDC). Outre que ces statistiques sont inexactes ou dépassées, elles suggèrent déjà que les Bamiléké veulent envahir les partis des autres – et si le RDPC gagne la majorité des municipales à l'Ouest, il faut en déduire que, non seulement tous les élus sont Bamiléké, mais ils **« ont été plus chanceux »**.

Selon Muriel DEVEY, qu'est-ce que être chanceux pour les élus du RDPC qui, en Juillet 2007, ont remporté 20 sièges sur 25 dans la province de l'Ouest, contre 4 pour l'UDC et seulement 1 pour le SDF ? Si l'envoyée spéciale de JEUNE AFRIQUE veut convaincre ses lecteurs que l'UDC et le SDF sont la bouée de sauvetage politique des

Bamiléké, il faudra bien qu'elle explique comment depuis le même mois de Juillet 2007, le RDPC gère dans la province que tout le monde dit « bamiléké », 29 municipalités sur 40, contre 8 pour l'UDC et seulement 3 pour le SDF.

Désigné aux primaires du RDPC dans ma section de base comme candidat aux municipales, j'ai été élu Maire de Bamendjou à 67,23% des suffrages, non pas sur ma chance, mais sur mon passé et mon programme politique de proximité.

Les Bamiléké ont cinq portefeuilles dans le gouvernement qui sont **« la caution bamiléké d'un régime qui ne peut pas totalement les marginaliser »**, affirme Muriel DEVEY qui poursuit : **« si les affaires restent leur domaine de prédilection, c'est grâce au président AHIDJO qui encouragea la formation d'une bourgeoisie dans (leur) communauté en échange de l'abandon de la lutte dans le maquis de l'UPC »**.

Il n'est pas imaginable qu'un journal comme JEUNE AFRIQUE qui se dit « intelligent » et africain, véhicule de telles contre-vérités sur le Cameroun, allant jusqu'à insinuer que des personnages emblématiques de la frange conservatrice du pays, comme les André SOHAING, KADJI DEFOSSO et Victor FOTSO – qui sont au demeurant respectables et respectés pour ce qu'ils pèsent dans l'économie nationale – aient pu s'impliquer dans les maquis de l'UPC, jusqu'à trahir cette dernière, contre leur embourgeoisement. On ne tordrait pas autrement le cou à l'histoire.

La même volonté apparente de réduire les Bamiléké ou de faire de la prévention contre eux, pousse Muriel DEVEY à suggérer que ceux-ci devraient se contenter de fréquenter l'Université des Montagnes. N'y aurait-il donc pas de places dans les six (06) Universités d'Etat fonctionnant actuellement au Cameroun, ou bien l'Université des Montagnes serait réservée aux Bamiléké ?

La jeune génération des Bamiléké n'aurait pas à s'en faire pour son avenir, puisqu'elle peut fréquenter l'Université des Montagnes et **« compter sur les solides réseaux des aînés, dont les tontines, qui permettent de mobiliser très vite des millions de francs CFA »**. Ceci peut évidemment signifier que cette génération n'a rien à attendre de l'offre de politiques publiques dont elle serait exclue, parce que n'étant pas dans le besoin. N'est-ce pas ?

Une espèce inédite

Je n'insisterai pas sur la propension qui n'est pas exclusive à *Jeune Afrique*, à considérer que les opérateurs économiques ou les élites d'origine bamiléké, qui ont réussi dans leurs affaires, dans la politique, la culture ou la presse, le doivent au fait d'être Bamiléké et qu'ils représentent du coup tous les bamiléké dans leurs succès et leurs échecs. Ils seraient ainsi des « têtes d'affiche » de la communauté bamiléké. Laquelle pâtirait naturellement en toutes circonstances de leurs turpitudes au tribunal de l'opinion publique.

En résumé, et tout compte fait, les Bamiléké que l'envoyée spéciale de *Jeune Afrique* fait découvrir à ses lecteurs apparaissent comme une espèce inédite au Cameroun, acceptée comme un mal nécessaire et frappée d'incapacité politique.

Le pire c'est que le choix des sujets abordés dans le reportage de Muriel DEVEY et les termes d'expression choisis autant que leur agencement, rappellent étrangement ceux d'une certaine « Radio Mille Collines » qui restera dans l'histoire comme le vecteur essentiel du génocide rwandais.

Or, les Bamiléké du Cameroun ont besoin des autres communautés, comme celles-ci ont besoin des Bamiléké pour construire une nation indivisible et prospère pour tous ses fils.

Certes, si par Bamiléké on entend les populations de la province de l'Ouest, il faut convenir qu'elles ont des frustrations. Mais, toutes proportions gardées, toutes les populations de toutes les provinces du Cameroun souffrent du déficit de l'offre politique qui, il faut le reconnaître, n'est pas à la hauteur de leur contribution à la croissance.

Devant une telle situation, tout journaliste et tout journal qui se disent engagés à la promotion de l'Afrique n'ont qu'un choix entre « **les haines et les rivalités qu'il faut démêler et opposer les unes aux autres… en s'appuyant sur les unes pour mieux vaincre les autres** », comme l'enseigne LIAUTEY – mais au profit de qui ? – et la promotion de la tolérance et de la compréhension entre les communautés qui ne peuvent gagner qu'ensemble la lutte contre les inégalités et la pauvreté.

Muriel DEVEY semble avoir pris le parti de la déconstruction, mettant ainsi sa propre capacité de nuisance à réveiller chez les camerounais les germes de rejet réciproque qui sont malheureusement latents. Or, je l'affirme et souhaite que le journal *Jeune Afrique* le retienne, ce qui nous aidera à construire une nation camerounaise soudée et prospère, ce n'est pas l'exaspération des particularismes et le repli identitaire, mais la promotion de ce que nos communautés ethnico-tribales ont de semblable et de complémentaire. Ces ensembles humains et culturels auxquels *Jeune Afrique* promet de consacrer des dossiers font assurément la richesse du continent, mais en constitueraient plutôt la perte si des médias africains, embouchant la trompette néocoloniale fractionniste, se mettent à souffler comme le vent sur les braises en voie d'extinction des divisions « liauteyistes ».

Emmanuel MUKAM
Ingénieur Civil Polytechnicien
Maire de Bamendjou
(Dans la province de l'Ouest)
E-mail : mairiebamendjou@yahoo.fr

Réaction de James Mouangué à la contribution du maire de Bamendjou

Monsieur le Maire,

Je tiens à vous dire ma grande satisfaction et l'espoir qu'a suscité en moi la lecture de votre réponse à *Jeune Afrique,* parue dans le quotidien *Le Messager* du 29 octobre 2008.

Je partage entièrement, entre autres, votre point de vue selon lequel "Pris à part, aucun de ces éléments pourtant tous indispensables ne construirait l'ouvrage. Mais si un seul en est isolé et marginalisé ou absent, l'ouvrage porte en lui le germe de son effondrement. Vous aurez compris que pour moi, le Cameroun est aujourd'hui à l'image de cet ouvrage en béton armé, que tous ses fils, de toutes les ethnies et cultures doivent servir à construire". C'est en effet dans le même sens que le Ngondo, Assemblée traditionnelle du Peuple Sawa, a récemment appelé à la coexistence pacifique des composantes du substrat humain de l'Etat du Cameroun autour de la nécessaire reconnaissance et de la dé marginalisation des minorités et des peuples autochtones, dans son message à l'occasion de la journée internationale des peuples autochtones le 8 août 2008. Le Journal *Le Messager* qui a analysé la Déclaration du Ngondo a pertinemment observé qu'il s'agit d'une réorientation politique majeure.

Je conviens aussi avec vous qu'en vérité, l'article de *Jeune Afrique* désignait les Bamiléké à la vindicte des autres communautés camerounaises en lui prêtant l'intention, entre autres, de revendiquer le monopole du nationalisme indépendantiste dans les années 1950 et 1960.

J'ai également été particulièrement heureux de lire votre conclusion, où vous soulignez que "les Bamiléké du Cameroun ont besoin des autres communautés, comme celles-ci ont besoin des Bamiléké pour construire une nation indivisible et prospère pour tous ses fils."

Je salue enfin votre manière mûre de relativiser "le problème bamiléké" dans la mesure où vous relevez fort bien que "toutes proportions gardées, toutes les Provinces de Cameroun souffrent du déficit de l'offre politique qui, il faut le reconnaître, n'est pas à la hauteur de leur contribution à la croissance". A côté du "problème Bamiléké", nous savons que l'on peut mentionner "le problème Anglophone" "le problème Kirdi", le "problème Sawa" "l'Equation de l'Est", le "problème du Grand Nord", etc.

Le seul point de désaccord entre vous et moi concerne le concept de "dynamisme bamiléké" auquel vous semblez adhérer. Si le Bamiléké est généralement dynamique en affaires, va-t-on nier que l'homme Sawa soit par exemple, de son côté, "dynamique" dans le champ musical, que les Bétis aient fait leurs preuves dans l'agriculture ou que les nordistes soient plus doués dans l'élevage que d'autres ? Je n'insiste pas sur les qualités de telle ou telle autre communauté. Au vrai, il s'agit de schémas réducteurs qui dissimulent le fait que les camerounais de toutes origines servent ce pays avec compétence, honneur et dévouement - ce qui n'exclut pas l'existence de brebis galeuses - sur les plans politique, intellectuel, administratif, économique, social et sportif.

Ces schémas peuvent par ailleurs mener loin, voire très loin jusqu'à *la théorie de l'ethnie supérieure* qui rappelle *la doctrine nazie de la race supérieure*. Le préambule de la Déclaration des Nations Unies sur les droits des peuples autochtones, adoptée le 13 septembre 2007, utilise à juste titre des épithètes très négatifs pour qualifier cette propension qu'ont certaines personnes à survaloriser les qualités de leur race, de leur groupe ethnique ou de leur communauté d'appartenance, en minorant celles des autres. Les Etats membres des Nations Unies y ont en effet solennellement affirmé que « *toutes les doctrines, politiques* et *pratiques qui invoquent ou prônent la supériorité de peuples ou d'individus en se fondant sur des différences d'ordre national, racial, religieux, ethnique ou culturel sont racistes, scientifiquement fausses, juridiquement sans valeur, moralement condamnables* et *socialement injustes* ».

Monsieur le Maire, je salue votre lucidité et votre vision du Cameroun d'hier, d'aujourd'hui et de demain, qui rejoint globalement celle du peuple Sawa et celle de tant d'autres esprits bien intentionnés.

Avec mes respectueux hommages,

James Mouangué Kobila
Docteur en Droit Public
Expert en droits de l'homme auprès de l'Université des Nations Unies Chargé de Cours à l'Université de Douala
Enseignant associé à l'Université de Dschang

Observations au Docteur James Mouangué Kobila, en réplique à la lettre ouverte au maire de Bamendjou

Mon cher James, cher compatriote, cher ami et très cher frère,

J'ai lu avec la plus grande attention, la lettre ouverte que tu as adressée à monsieur le Maire de Bamendjou, (*Le Messager du vendredi 14 novembre 2008)* suite à une réaction que ce dernier a développée en direction de l'hebdomadaire *Jeune Afrique,* conséquence d'un dossier consacré par ce journal aux Bamilékés du Cameroun.

Je veux d'abord te féliciter pour ton entrain intellectuel qui demeure une référence et une urgence dans un contexte politique et culturel où l'indigence a conduit à sacrifier l'intelligence, le débat subséquent, l'audace de l'interpellation, et le courage de la vérité. Je me réjouis ensuite, de savoir qu'une si grande expertise internationale, peut être mise à contribution pour aider non seulement à déblayer le terrain politique camerounais immédiat, mais aussi et surtout, à clarifier des notions et des concepts qui semblent être au centre de moult manipulations. C'est justement bien d'en débattre, afin que demain que nous envisageons de façon différente par rapport à aujourd'hui, soit définitivement débarrassé de toute confusion, de toute supputation et de tout subjectivisme.

Premièrement, je veux être d'une honnêteté absolue, vis-à-vis des lecteurs, en soulignant, que je suis d'abord Bamiléké, et camerounais ensuite. Il doit donc être clair que je réagis en tant que citoyen camerounais, mais également en tant que Bamiléké. Trop de stigmates politiques ont conduit trop de nos compatriotes à croire que c'est une faute que d'énoncer son origine ethnique, ou de défendre celle-ci dans le cours d'un échange.

Deuxièmement, même si nous ne pouvons pas reproduire ici l'intégralité de l'article de *Jeune Afrique,* il importe de révéler à tous ceux qui ne l'auraient pas lu, que la démarche de l'auteur et la substance de ses affirmations, procédaient d'un montage vexatoire et provocateur. Ce journal n'est pas à sa première sortie contre les bamiléké, et par le passé ses dirigeants n'ont jamais daigné publier les mises au point, les rappels à l'ordre et autres sommations venant des structures organisées à l'instar de LAAKAM, ou des personnes physiques. En fait, monsieur François Soudan qui est très introduit dans les arcanes des centres de décision politiques du Cameroun, travaille sur le postulat selon lequel, les régimes successifs depuis 1960, ont une stratégie anti bamiléké visible, incontestable, et profonde. Mépriser, injurier, indexer, se foutre de la gueule des bamiléké et relativiser leur statut, est bon pour le régime. D'ailleurs, ne le leur dit-on pas explicitement ? Le dernier article en date n'a donc pas fait autre chose que se situer dans cette logique.

Troisièmement, il convient tout autant, de signaler, que les articles de ce journal, interviennent généralement dans des contextes politiques précis, lorsque des enjeux ponctuels semblent orienter la réflexion vers une remise en cause du régime. Le but du journal est dans ce cas, soit de rappeler le danger que représentent les bamiléké, soit de relativiser leur poids, soit de leur imputer la responsabilité de l'instabilité politique. Entre 1989 et 2008, ce sont ainsi cinq articles insidieux, malhonnêtes et commandités qui ont été produits. Aucun autre groupe ethnique n'a eu le privilège de ces saletés. Je le dis avec une douleur dans ma chair, une douleur que seule mon identité de bamiléké, permet la sensation.

Quatrièmement, je suis bien obligé de faire le constat selon lequel, en dépit du danger que représentent ces dérapages et ces attaques contre une fraction importante de la communauté nationale camerounaise, aucun expert en droits de l'Homme fût-il des Nations Unies ou aucun autre homme de sciences et de lettres tout court, à l'exclusion des citoyens bamiléké, n'a jamais pris l'initiative d'une protestation adressée aux dirigeants de ce journal. Dans un pays fonctionnant normalement, c'est le gouvernement qui aurait pris les devants pour se plaindre contre les insanités déversées régulièrement sur les bamiléké par *Jeune Afrique*. Hélas !

De toute façon, c'est à chaque peuple, à chaque groupe national, racial ou religieux, qu'il appartient de se défendre et de décourager voire de mettre hors d'état de nuire, toute personne, physique ou morale, qui se livre à des actes de dénigrement et de provocation. Monsieur François Soudan ne perd donc rien à attendre. Son entreprise ne pourra pas prospérer indéfiniment sans réponse radicale. J'assume la responsabilité de mes déclarations en tant que digne fils bamiléké décidé et déterminé à défendre résolument cette identité.

Cinquièmement, l'argument qui consiste à évoquer les problèmes multiples par-ci et par-là pour noyer le problème de fond qui est bamiléké, ressemble un peu à de la ruse infantile. Nous avons l'obligation et le devoir de nous dire la vérité, au lieu de nous réfugier dans des cercles restreints familiaux et sectaires pour couvrir d'autres compatriotes d'épithètes malveillants. J'entends donc débattre publiquement, librement, et intégralement, sur tous les terrains où le besoin se manifeste.

Cher ami, mon cher frère,

J'en viens maintenant au point le plus énigmatique de ta lettre ouverte, celui-là même qui a capté mon attention et permis cet échange heureux. Il s'agit du *dynamisme bamiléké*.

J'ai beau retourner dans tous les sens les propos, les phrases, l'esprit, et la lettre de monsieur le maire de Bamendjou, je ne vois pas ce qui te choque au point de lui prêter maintenant des intentions complètement éloignées de sa pensée. Qu'y a-t-il donc de mal à évoquer le dynamisme bamiléké ? Toi qui es chercheur et dont je connais et respecte l'expertise, le sérieux de la démarche et la capacité de discernement, tu n'ignores pas que les bibliothèques sont remplies de livres, de thèses, de documents et de travaux de toute nature sur la question. Américains, français, Africains, Chinois, de toutes les disciplines se sont penchés sur la question. Ce ne sont pas les bamiléké qui le leur ont demandé. En tant que scientifiques, tous ces auteurs ont fait des observations, ont procédé à des constats, et sont parvenus à des conclusions.

Je voudrais te rappeler la déclaration célèbre du Colonel Lamberton, théoricien du danger Bamiléké avec son fameux « *le Cameroun est devenu indépendant avec un caillou dans la chaussure* ». Lamberton qui inaugure l'exclusion, conseille en fait au régime colonial et à son tuteur de la métropole de tenir les Bamiléké à l'œil, se déclare surpris et admiratif devant ce peuple travailleur et accoutumé à l'effort. C'est le premier acte de construction de *l'idéologie du containment (contenir),* laquelle va inspirer la politique de tricherie et de promotion des cancres dite politique d'équilibre.

Je me permets aussi de rappeler la déclaration de feu Houphouët Boigny lorsqu'il visite le Cameroun en son temps : « *donnez-moi les Bamiléké et je transforme la Côte-d'Ivoire en grande puissance* ».

Enfin, si vous voyagez beaucoup, et je suis sûr que c'est le cas, partout où vous vous présentez dans le monde comme camerounais, des interlocuteurs institutionnels n'hésitent pas à vous demander sans détour si vous êtes Bamiléké. La suite c'est généralement l'évocation de ce dynamisme qui te dérange tant.

Mon frère, je crois sincèrement que nous n'avons pas à combattre les évidences ou à essayer de les manipuler à d'autres fins. Lorsque le Président Biya revient d'une rencontre avec les hommes d'affaires à Monaco peu après son accession au pouvoir, il convoque les plus importants opérateurs économiques bamiléké pour leur signifier que le pays manque cruellement d'hôtels, que les partenaires étrangers s'en plaignent. Il leur demande de réagir patriotiquement. Le résultat, vous l'avez eu : IBIS, La falaise, Arcades, Akwa palace extension. A qui vouliez-vous que le président formule ses doléances ? Comment appelles-tu cette démarche ? A-t-il eu recours à ce dynamisme ?

Ce que je crains encore le plus, c'est cette propension à transformer la victime en auteur du crime. Il me souvient qu'en 1990 lorsque pour des raisons évidentes de tricherie et de tribalisme, le concours d'entrée en quatrième année de l'Ecole normale est supprimé et remplacé par *l'étude de dossier,* un groupe d'universitaires bamiléké prend l'initiative d'adresser une lettre au Chef de l'Etat pour attirer son attention sur les dangers de cette décision, et déplorer le tribalisme ambiant qui s'installe dans la formation des formateurs. Alors que les auteurs de la lettre d'ailleurs confidentielle attendent une réponse du *Père de la nation (c'est en ces termes qu'ils s'adressent à lui)*, ils seront désagréablement surpris de découvrir une violente attaque de monsieur Edouard Kingué dans le journal *La détente*, qui les traite de nazis, de fascistes, de totalitaires, de gens qui veulent tout pour eux seuls.

Je me demande si tu n'es pas engagé dans la même voie que l'auteur de cet article qui vraisemblablement, avait d'autres objectifs, et mijotait une haine gratuite contre les Bamiléké. Tout le monde connaît maintenant où cette politique d'étude de dossier a mené notre système éducatif. Sous le couvert d'équilibre pour limiter ou combattre l'hégémonie bamiléké, l'Ecole normale a été transformée en dix ans, en dépotoir de cancres, de fainéants, d'incompétents notoires, de tricheurs armés de faux parchemins. Les résultats de nos enfants en pâtissent, comme l'atteste le taux de réussite 48% au bac cette année.

Cher compatriote James, c'est à chacun de nous qu'il revient de penser le pays et son avenir, mais c'est à chacun de nous qu'il revient, de présenter ses souffrances, ses revendications. Ce n'est jamais une mauvaise chose de se livrer à cet exercice, car l'autorité politique en tient compte ou devrait en tenir compte pour la planification de ses actions, et l'élaboration d'une philosophie globale de gestion de notre espace commun. Je m'en vais donc te dire, que ce qui est inacceptable, c'est de tricher en usant des théories de protection de minorité et d'équilibre, pour commettre les pires exclusions. Je t'invite à faire le décompte de ce qui reste de Bamiléké dans les grands corps de l'Etat, Police, gendarmerie, magistrature, inspecteur des Impôts, inspecteur des douanes, inspecteur du trésor, officiers de l'armée, administrateurs civils, et tu me diras ce que tu en penses. Pour ta gouverne, je t'apprends qu'ils sont tout simplement en voie de disparition.

Cher compatriote, j'ai l'avantage d'assumer la responsabilité de mes propos, et surtout de les porter en haut lieu à qui de droit. Le 12 octobre 2008, j'ai rencontré le Secrétaire Général des services du Premier Ministre dans une audience officielle à ma demande, pour lui exposer que cet état de choses, cette discrimination, cette marginalisation, est devenu intolérable, inacceptable. J'ai attiré l'attention du ministre sur les résultats de l'ENAM : moins de 5% de bamiléké en 2008 sur l'ensemble des filières, et une évolution qui tend vers zéro, si aucun redressement n'intervient pour mettre fin à cette politique. Sur environ 195 élèves magistrats admis en 2008, il y a à peine 20 Bamiléké. C'est quoi à ton avis tout ça ? Va donc voir dans les palais de justice, et tu me diras. Va faire la comptabilité des commandants de gendarmerie, des commissaires de police, des Sous-préfets à Douala où tu vis et travailles, et tu me diras si c'est juste. La réalité c'est que même le fameux 13% déjà contestable, n'est plus respecté depuis belle lurette.

Je t'invite à comptabiliser les proches collaborateurs du Chef de l'Etat, et de me dire combien de Bamiléké tu y trouves, et si après tout, c'est normal. Tu pourrais bien t'en tenir aux premiers dirigeants de l'Etat et de la République, dans tous les trois pouvoirs, exécutif, législatif, et judiciaire, et tu me diras quel serait ton sentiment si tu étais Bamiléké. Nous vivons la discrimination dans nos os, et ressentons la marginalisation comme une perfusion plantée dans nos veines. De cette communauté, je me veux, avec une constance jamais démentie, le porte-parole réel et effectif.

Et puisque tu as fait référence à la déclaration des Nations Unies sur les droits des peuples autochtones, j'espère que tu sais à quoi renvoie dans les carcans normatifs internationalistes, une politique systématique de discrimination, d'exclusion et de marginalisation. C'est l'orchestration du génocide selon un processus lent, mais planifié et cohérent. Il n'y a qu'à lire la convention sur l'élimination de toutes les formes de discrimination, la convention contre la torture, et la convention relative aux crimes de guerre. L'indexation d'un groupe humain dans le cadre d'une politique institutionnalisée, procède d'un crime contre l'humanité. Ne Pourrait-on pas valablement transposer les éléments techniques d'appréciation et de validation de la thèse centrale au Cameroun, en prenant en considération, les cas cités des exclusions des grands corps de l'Etat ?

Je ne veux pas te demander pourquoi dans les marchés, les commerçants sont Bamiléké, pendant que les régisseurs, collecteurs des taxes, contrôleurs des prix, bref ceux qui commandent et scellent les boutiques, ne sont pas Bamiléké. C'est un constat, qui mérite ton attention. Que dit le juriste dans ce cas, et que disent les conventions internationales ?

Cher James, peut-on cautionner que dans un pays, des marches soient organisées presque officiellement contre un groupe ethnique ? Te souviens-tu des marches de 1996 à Douala contre les Bamiléké après les premières élections multipartistes ? Comment se fait-il que tu n'aies rien dit à cette époque ? Comment se fait-il que tous les experts en droits de l'Homme n'aient pas réagi pour dire attention, c'est grave ce que vous faites ?

La réalité du Cameroun est à l'inverse de ce que tu reproches, de façon totalement imaginaire, à monsieur le

Maire de Bamendjou, que je connais comme un homme modéré et tempéré. En effet, cet ingénieur polytechnicien qui dirige une société de BTP bien connue au Cameroun et dans la Sous région, a dû être ulcéré, par les blasphèmes de *Jeune Afrique* au plus haut degré pour prendre la plume. On a construit des fantasmes sur une prétendue invasion, une inexplicable hégémonie des Bamiléké, pour mieux les marginaliser dans les attributions des charges publiques de commandement et de gestion. Ce faisant, on a tué le pays, instrumenté le règne des cancres, et réduit certains groupes ethniques à l'infantilisation, comme s'il fallait les protéger contre des lions venus de l'étranger, et comme s'ils ne pouvaient rien faire sans l'Etat régalien et discriminatoire.

La tentation permanente de projeter le Cameroun en juxtapositions tribales, est la cause principale de notre arriération et de notre blocage aujourd'hui. C'est encore et toujours au nom de ces arguments fallacieux, que des élections libres sont impossibles et qu'une sortie de la sauvagerie et de la barbarie tarde à se matérialiser. Je ne t'ai jamais entendu te plaindre sur le fait qu'un député dans le Sud représente 22.000 citoyens, pendant qu'un député à l'Ouest, le Nord-ouest et le Littoral représente plus de 100.000 citoyens. Cette hégémonie là, est sans doute acceptable, aussi bien pour des mercenaires et des mécréants extérieurs du genre François Soudan, que pour quelques analystes internes adeptes du subjectivisme des thèses du colonel Lamberton. C'est donc cela, la mode du pouvoir établi, le vent en poupe, et l'ordre moral du moment qui travestissent jusqu'à leur subconscient.

La référence au dynamisme bamiléké n'a rien de pénalisant pour quiconque. Il s'agit d'une donnée résultant d'observations factuelles incontestables à partir de la capacité des différents groupes ethniques, à jouer des rôles moteurs dans la formation du produit national brut (PNB). C'est tout autant de la science politique, de l'anthropologie, de l'économie, de la géographie, que du droit public dont tu es, j'insiste, un brillant et éloquent érudit.

Par ailleurs, l'invocation ou non du dynamisme bamiléké, n'ajoute ou n'enlève rien à la réalité. Dire que les Juifs contrôlent la finance et la presse aux Etats-Unis n'est que vrai, mais construire une stratégie pour les punir ou les bloquer mène à la perte. Souviens-toi de ces nouveaux hommes d'affaires lancés à coup de milliards entre 1984 et 1989. Où sont-ils passés ? Que sont devenus ces nouveaux riches qui écumaient les rues, les premières classes des avions et des devantures des grands hôtels, cigares aux lèvres ? Il était question de contrer les Bamilékés, de faire tomber le tabou du dynamisme Bamiléké, de créer d'autres hommes d'affaires pour les remplacer, n'est-ce pas ? On leur avait donné cadeau les fonds des banques, les caisses du trésor public, et ils ont tout dilapidé en moins d'une décennie. Lorsque l'argent est fini, ils ont fui à l'étranger ou sont devenus des grands militants extrémistes du parti au pouvoir. Il n'y a pas très longtemps, j'écrivais encore que les générations futures jugeront très sévèrement ce complot contre la patrie à travers la dilapidation systématique et organisée des richesses du pays. Eh bien, les choses ont commencé plus vite et plus tôt que prévu, si l'on s'en tient aux révélations du brave Ateba Eyéné.

J'en arrive forcément à une excellente conclusion, celle qui préfigure les manipulateurs, les voyous, les incompétents, les faussaires et les tricheurs de toute sorte, comme les vrais porteurs et promoteurs du discours d'exclusion ethnique, et par conséquent du blocage démocratique. Il y a à Douala un petit salaud qui tient un journal dont la principale ligne éditorialiste consiste à clamer régulièrement qu'un Bamiléké ne sera jamais président du Cameroun, parce que soutient-il, ils ont déjà l'économie. C'est exactement le même genre de salaud qui soutenait dans l'Afrique du Sud de l'Apartheid, que les Noirs ne devaient jamais gouverner le pays. C'est bien dommage pour de tels individus, à la lecture de la dernière actualité, car ils seront tous contrariés par les faits, et devront changer, s'aligner à la réalité, se taire, ou périr. Le Cameroun sera inéluctablement gouverné très bientôt par un régime démocratique, avec un président élu au suffrage universel, dans une compétition libre, transparente et loyale. Ce président pourra être Sawa, Bamiléké, Kirdi, Mbamois, Bassa, Batanga, Mbo'o, Eton ou Bulu, oui même Bulu. Ce président pourra donc être Shanda Tonme ou Mouangué Kobila. Et si cette fonction ne t'intéresse pas, moi ça m'intéresse. *Il ne faut jamais dire jamais* !

Je réitère, que tous ceux qui redoutent cette perspective et ne la supporteraient pas comme je l'entends souvent dans les déclarations très sérieuses de certains, quittent le Cameroun dès maintenant et trouvent asile dans un autre pays où ils pourront aller vivre avec leurs fantasmes. La marche de l'histoire est du côté de ceux qui pensent comme moi. C'est le *We can* d'un certain nouveau président métis.

Mais alors, James, cher compatriote, ami et très cher frère, celui qui prendrait la liberté combien légère et insolente, de soutenir la primauté de quelconque groupe humain, racial, ethnique ou clanique, rencontrerait notre force commune et notre union sacrée sur son chemin. Chaque peuple, chaque groupe et chaque nation, possède en son sein, tous les éléments mathématiques et philosophiques de l'intelligence, de la connaissance scientifique, et de la maîtrise technologique. Tous les groupes distinctifs de l'ensemble camerounais, ont une égale capacité naturelle d'action et de travail, mais ils ne déploient pas dans les faits, une égale ardeur, une égale passion, et une égale patience.

Cette thèse m'a conduit récemment à Genève lors d'une conférence qui a eu d'énormes répercussions diplomatiques, à soutenir que non seulement tous les peuples avaient un égal droit à l'intelligence nucléaire à toutes les fins, mais en plus, qu'il ne peut que être contre-productif, de présenter un peuple ou un groupe humain comme un danger pour les autres, fut-il un groupe religieux.

Enfin, à propos de cette affaire d'autochtones, je veux dire, une fois pour toutes, que nous sommes tous des autochtones de la terre et de la patrie camerounaise. Il n'y a que les Chinois ou les Français qui ne peuvent pas revendiquer le statut d'autochtone du Cameroun. Et puis, sur l'origine réelle des peuplements, qui vient d'où et a droit à quoi sur quelle parcelle de la planète avec certitude ?

En m'excusant d'avoir été si long dans le plaisir retrouvé de notre conviviale conversation, je tiens à te renouveler mon attachement et ma profonde considération.

SHANDA TONME
Citoyen du Cameroun
15 Novembre 2008

Réplique de Mouangué à Shanda Tonme

Cher Monsieur SHANDA TONME,

Vous constatez que je ne me laisse pas aller à ta familiarité excessive que vous avez choisi d'afficher à mon égard, dès lors qu'elle ne correspond à aucune réalité tangible. Je récuse également vos louanges excessives, qui procèdent d'une tentative de manipulation de bas étage.

J'ai découvert votre texte, daté du 20 novembre 2008, par hasard sur Internet (icicemac.com), pendant que je vérifiais les annonces de publication de mes travaux scientifiques sur Google le 23 suivant. J'ai vainement essayé de déceler le support où il aurait été initialement publié au Cameroun, sans succès. Sachant que vous êtes chroniqueur au Quotidien *Le Messager,* je m'y suis rendu pour obtenir le support de publication à toutes fins utiles. Mais grande a été ma stupéfaction d'apprendre que vous avez effectivement soumis un texte intitulé « Les quatre vérités de Shanda Tonme à James Mouangué Kobila » à ce Journal où vous signez des chroniques depuis de longues années, pour publication, mais que le Comité de Rédaction a rejeté ce texte, l'ayant jugé indigne d'être publié.

Après avoir pris connaissance de votre prose, je me suis demandé s'il fallait vous répondre. L'impression dominante à la lecture de cette littérature de vingt-cinquième ordre était en effet que vous répondiez davantage à *Jeune Afrique* (dont vous avez récapitulé les idées) et que vous étiez plus engagé dans votre combat permanent contre le régime de Paul Biya en tant que défenseur (mandaté ou autoproclamé ?) des intérêts du peuple Bamiléké, que vous ne répondiez à la lettre élogieuse que j'ai amicalement adressée au Maire de

Bamendjou, avec toutefois une mise en garde sur l'utilisation du concept de « dynamisme bamiléké » (ce texte est intégralement reproduit au bas de la présente réplique).

Dans vos quatre vérités, vous vous êtes abstenu de citer le passage incriminé de mon texte alors que cela aurait permis aux lecteurs de mieux apprécier. Le voici : « Le seul point de désaccord entre vous [le Maire de Bamendjou] et moi concerne le concept de "dynamisme bamiléké" auquel vous semblez adhérer. Si le Bamiléké est généralement dynamique en affaires, va-t-on nier que l'homme Sawa soit par exemple, de son côté, "dynamique" dans le champ musical, que les Bétis aient fait leurs preuves dans l'agriculture ou que les nordistes soient plus doués dans l'élevage que d'autres ? Je n'insiste pas sur les qualités de telle ou telle autre communauté. Au vrai, il s'agit de schémas réducteurs qui dissimulent le fait que les camerounais de toutes origines servent ce pays avec compétence, honneur et dévouement - ce qui n'exclut pas l'existence de brebis galeuses - sur les plans politique intellectuel, administratif, économique, social et sportif.

Ces schémas peuvent par ailleurs mener loin, voire très loin jusqu'à *la théorie de l'ethnie supérieure* qui rappelle *la doctrine nazie de la race supérieure*. Le préambule de la Déclaration des Nations Unies sur les droits des peuples autochtones, adoptée le 13 septembre 2007, utilise à juste titre des épithètes très négatifs pour qualifier cette propension qu'ont certaines personnes à survaloriser les qualités de leur race, de leur groupe ethnique ou de leur communauté d'appartenance, en minorant celles des autres. Les Etats membres des Nations Unies y ont en effet solennellement affirmé que *« toutes les doctrines, politiques et pratiques qui invoquent* ou *prônent la supériorité de peuples ou d'individus en se fondant sur des différences d'ordre national racial, religieux, ethnique ou culturel sont racistes, scientifiquement fausses, juridiquement sans valeur, moralement condamnables et socialement injustes ».*

Je me résous néanmoins à éclairer nos concitoyens pour trois raisons. D'abord, je suis profondément inquiet de votre persistance à exalter le « dynamisme bamiléké », en dépit de cette mise en garde, ensuite, parce que j'ai été directement interpellé dans l'article sur ce que je faisais au moment de la marche des Sawa. Je réponds enfin parce que je voudrais apporter quelques précisions sur mes ambitions politiques et procurer une ou deux informations liminaires sur la protection des minorités et des peuples autochtones au Cameroun.

Vous, vous évoquez des études qui auraient été faites par des étrangers sur « le dynamisme Bamiléké », sans en donner les références et les conclusions, pour soutenir la pertinence de ce concept et pour vous engager à le réaffirmer, en dépit des risques soulignés par les 143 Etats membres des Nations Unies qui ont voté, à l'Assemblée générale, en faveur de la Déclaration des Nations Unies sur les droits des peuples autochtones. Alors même que ces Etats se sont fondés sur les résultats des siècles d'observation et de recherches éclairés par la raison universelle.

Dans le même texte, vous avancez que vous et moi combattrons ensemble tous ceux qui seraient tentés d'affirmer la supériorité d'une ethnie camerounaise sur une autre. Alors la question surgit. Le Cameroun étant constitué de quelque 200 ethnies, célébrer le « dynamisme » du seul complexe ethnique Bamiléké n'équivaudrait-il pas logiquement à affirmer que les Bamiléké constituent l'ethnie supérieure au Cameroun ?

N'est-ce pas en même temps qualifier les autres ethnies d'inférieures ? Etant donné que c'est ce que *Jeune Afrique* a écrit, en quoi êtes-vous finalement opposé à *Jeune Afrique* ? Il me semble que dans cette affaire, vous êtes avec *Jeune Afrique* ; vous êtes contre les idées avancées par le Maire de Bamendjou et par ma modeste personne.

Cette ligne participe sans doute de votre ambition déclarée de devenir un jour président de la République du Cameroun. En votre qualité d'homme politique nourrissant des ambitions nationales, vous êtes fondé à vous prononcer sur toutes les situations de tous les groupes et ethnies du Cameroun. Je suppose dès lors que par le passé, vous avez systématiquement pris fait et cause pour les Anglophones, les Nordistes, les Kirdis, les Sawa, les Douala, les femmes, etc. Mais il faudrait assurément en douter, dans la mesure où vous balayez d'un revers de main l'existence même des problèmes de ces groupes, ne retenant pour seul problème pertinent au Cameroun que le « problème Bamiléké ». Au point que vous insinuez que tout camerounais qui ne prend pas systématiquement la défense des Bamiléké pour des faits réels ou allégués pourrait être tribaliste. Avez-vous eu soin de vérifier si, dans un écrit quelconque, en quelques deux décennies de communication sociale, il n'est jamais advenu que j'entreprenne de recenser le nombre de postes occupés par les Sawa ou tout simplement le nombre de Sawa dans les différents corps de l'Etat ? Si je ne l'ai jamais fait pour les Sawa, pourquoi devrais-je le faire pour d'autres groupes ?

Contrairement à vous, je ne nourris aucune ambition politique au sens d'envisager de briguer un jour les suffrages de mes concitoyens à quelque niveau que ce soit. Ma sphère d'intervention est par conséquent fort modeste, comme essentiellement technique. Jusqu'à date, j'ai servi mon pays comme journaliste politique pendant 12 ans, entre 1990 et 2002 (Cameroon Press Award 1997), comme enseignant-chercheur à l'Université de Douala depuis 15 ans, et plus récemment comme consultant et observateur des élections. Cette posture me confère une certaine indépendance et une distanciation critique qui manqueront toujours au défenseur inconditionnel des intérêts bamiléké que vous affirmez être, surtout du moment qu'il caresse le rêve d'utiliser la puissance numérique et économique des Bamilékés pour accéder à la magistrature suprême.

Votre ambition est légitime, le régime démocratique, défini par la liberté individuelle et le droit de participation politique, autorise en effet quiconque à briguer les magistratures publiques. Ce qui est préoccupant, c'est le torrent d'injures que vous déversez quotidiennement sur vos concitoyens, en prévenant ceux qui seraient mécontents de vous voir ou de voir tout autre Bamiléké arriver au pouvoir que la porte de l'exil est ouverte. Imaginons un instant Barack Obama avertissant les Américains de race blanche, avant la présidentielle du 04 novembre 2008, de se préparer à le voir élu et que les mécontents n'auraient qu'à se préparer à prendre le chemin de l'exil... ; ou Mac Cain, proclamant aux noirs que ceux d'entre-eux qui se sentiraient gravement choqués par la tragédie que représenterait son éventuelle victoire électorale, dans un contexte où les sondages étaient favorables à son adversaire, pourraient exprimer leur mécontentement en s'installant en Afrique. On voit que le défenseur des intérêts des Bamiléké qu'est SHANDA TONME est disposé à mettre le Cameroun en pièces pour parvenir à ses fins.

Vous m'avez directement posé la question de savoir où j'étais pendant les marches Sawa. Je commence par relever que si j'étais parmi les marcheurs, cela se saurait et vous ne l'auriez pas dissimulé. Alors où étais-je ? J'étais journaliste politique à... *La Nouvelle Expression* où je préparais un numéro spécial sur le thème « Minorités, autochtones, allogènes et démocratie », paru le 23 mai 1996. En dernière page de ce « Spécial Dossier et Documents » j'ai signé un article intitulé « Les minorités en droit international ». En conclusion de ce travail de recherche, j'ai écrit ceci : « *le statut de minorité n'est pas exempt de devoirs pour leurs membres qui ne doivent notamment pas violer les droits de l'homme des autres ressortissants de leur Etat* ». Citant un document de l'Organisation des Nations Unies, j'ai fait observer que « *l'Expérience des pays où une majorité de la population vit en harmonie avec une ou plusieurs minorités montre que cela résulte de la reconnaissance des droits des minorités, y compris les moyens de s'assurer que ces droits sont respectés* » *(Human Rights] Minority Rights] Fact Sheet n° 18, World Campaign for Human Rigths]* p. 11). C'est dire que, dans l'effervescence de la marche Sawa pour la protection effective des minorités et de la campagne adverse contre la protection des minorités, j'étais de ceux qui ont choisi de s'adonner à la recherche pour essayer de comprendre les conditions d'une coexistence pacifique entre les communautés qui composent le substrat humain du Cameroun.

Je me souviens d'ailleurs du jour où, m'ayant rencontré à Kribi au bord de l'Océan, porteur de documents que j'étudiais, vous m'avez dis sur le mode familier qui vous est propre : « James, tu fais trop de recherche. Il faut prendre le temps de te déployer. Cela suffit ». Vous m'avez réitéré ces propos lors d'une seconde rencontre fortuite à Yaoundé, alors que je sortais de la bibliothèque du Centre des Nations Unies pour les Droits de l'homme et la Démocratie en Afrique centrale. Il me plaît de vous dire aujourd'hui que les recherches que j'ai entamées sur la question de la protection juridique des minorités et des peuples autochtones au Cameroun depuis 12 ans viennent d'être couronnées par la rédaction d'un livre et par la parution d'un article intitulé « Droit de participation politique des minorités et des peuples autochtones : l'application de l'exigence constitutionnelle de la prise en compte de la composition sociologique de la circonscription dans la constitution des listes de candidats aux élections au Cameroun » *(Revue française* de *droit constitutionnel,* n° 75, juillet 2008, pp. 629-664). Il n'est pas anodin de faire remarquer que la valeur scientifique de ce travail nourrit de patientes recherches effectuées au Cameroun, en France et à la bibliothèque du Palais de la Paix à La Haye – l'une des meilleures du monde – et est soulignée parce qu'il a été publié dans une grande revue spécialisée d'un grand pays traditionnellement hostile à la protection des minorités.

Vos positions sur la protection des minorités et des peuples autochtones sont assez confuses. Dans vos quatre vérités, vous fustigez la protection des minorités qui se traduit notamment par la politique des équilibres. Mais plus loin, vous semblez accepter le principe de cette protection catégorielle en stigmatisant seulement comme « inacceptable » sa perversion en politique d'endiguement ou d'exclusion. Vous êtes tantôt radicalement contre la protection des peuples autochtones, et la minute d'après, vous revendiquez cette protection pour tous les camerounais, puisque vous déclarez que « tous les camerounais sont autochtones au Cameroun ». Je rappelle aux lecteurs que dans un texte récemment publié dans les colonnes du Journal *Le Messager,* vous avez assimilé la protection des minorités et des peuples autochtones à « la continuité des injustices » des discriminations ethniques, des concours faussés [par l'équilibre régional] » et vous avez vigoureusement dénoncé ceux qui, « en 1996, pour des raisons de haine tribale, des calculs sordides de contrôle de pouvoir, et des basses combines alimentaires, avaient élaboré et imposé des préceptes et des notions abjectes proches de la tricherie, de l'injure collective et du régime d'apartheid » (*Le Messager* n° 2580 du 27 mars 2008).

Vous assimilez la protection des minorités à l'apartheid comme Maurice Kamto l'a assimilée au « totalitarisme nazi, cette doctrine du sang qui a endeuillé le monde il y a seulement un demi-siècle » dans son livre *Déchéance de la politique, décrépitude morale et exigence éthique dans le gouvernement des hommes en Afrique* (Yaoundé, Ed. Mandara, 2000, p. 213). Dans les quatre vérités où vous prétendez me répondre, vous affublez les Nations Unies, qui sont à la pointe de la lutte contre les discriminations des mêmes épithètes, pour avoir consacré la protection des minorités et des peuples autochtones. Tous les Etats et toutes les institutions internationales qui œuvrent pour la protection des minorités et des peuples autochtones ont consacré ce que vous appelez « des notions abjectes ». Ils seraient guidés par la « haine tribale, des calculs sordides de contrôle du pouvoir, et des basses combines alimentaires ». Ce seraient aussi des adeptes du racisme, du nazisme et de l'apartheid.

Ce faisant, vous vous trompez et vous égarez ceux qui vous lisent. L'on peut en effet repousser vos arguments en soutenant, avec le juriste américain Ronald Dworkin qu' « *affirmer que les programmes de discrimination positive relèvent d'une entreprise de balkanisation des Etats [...] divisé[s] en sous groupes ethniques et raciaux, relève d'une erreur d'interprétation. [...] leur finalité n'est pas d'accroître, mais d'affaiblir l'importance des divisions raciales dans la vie sociale et professionnelle américaine » (Une question de principe,* Paris PUF, coll. « Recherches politiques », 1996, éd. Originale en 1985, p. 369).

C'est assurément ce type d'analyse qui a conduit le Conseil de l'Europe à poser, à l'article 1er de la Convention cadre du Conseil de l'Europe pour la protection des minorités nationales, que « [l]a *protection des minorités nationales et des droits et libertés des personnes appartenant à ces minorités fait partie intégrante de la protection internationale des droits de l'homme » et que les mesures prises à cet effet* « ne *sont pas considérées comme un acte de discrimination »* (alinéa 3 de l'article 4). De même, l'alinéa 3 de l'article 8 de la Déclaration des droits des personnes appartenant à des minorités nationales ou ethniques, religieuses et linguistiques, énonce clairement que « [les *mesures prises* par *les Etats afin* de *garantir la jouissance effective* des *droits énoncés dans la présente Déclaration* ne *doivent* pas *a priori* être *considérées comme contraires au principe* de *l'égalité contenu dans la Déclaration universelle des droits* de *l'homme ».*

Dans votre pamphlet, vous insinuez que je serais tribaliste, dès lors que je milite activement pour la protection des minorités et des peuples autochtones au Cameroun. Je laisse les rapporteurs de la Commission africaine des droits de l'homme et des peuples vous répondre : « *Une autre incompréhension porte sur l'idée que le fait de parler des droits des peuples autochtones risque d'attiser le tribalisme et les conflits ethniques. Nous pensons que cette position fausse les arguments. Il existe une riche variété d'ethnies dans pratiquement tous les pays africains et le multiculturalisme est une réalité de la vie.* Accorder la reconnaissance à tous ces groupes, respecter leurs différences et leur permettre de s'épanouir dans un esprit véritablement démocratique ne conduit pas aux conflits, au contraire. Ce *qui crée plutôt les conflits est que certains groupes dominants forcent une sorte d' unité qui ne reflète que des perspectives et des intérêts de certains groupes puissants dans un Etat donné, et qui cherchent à empêcher les groupes marginalisés plus faibles d'exprimer leurs préoccupations et leurs perspectives. En d'autres termes, les conflits ne surviennent pas parce que les peuples réclament leurs droits, mais parce que leurs droits sont violés »* (Rapport du Groupe de travail d'experts de la Commission africaine des droits de l'homme et *des peuples sur les populations/communautés autochtones,* 2003, p. 99).

Vous avez évoqué la marche Sawa de 1996. Elle était fille de son temps et de son contexte. En cela, elle n'est pas plus critiquable que les excès des Anglophones, d'Essingan ou de Laakam en ces temps paroxystiques de la crise de la transition au Cameroun. Cette époque est désormais derrière nous. L'ancien ambassadeur des Etats-Unis d'Amérique au Cameroun l'a pertinemment remarqué dans une interview au journal *Le Messager :* « le Cameroun de 2007 n'est pas celui des années 1990 ». Il serait équitable de mentionner que l'attitude des Sawa a évolué, comme en témoigne la déclaration du Ngondo, Assemblée traditionnelle du peuple Sawa, du 8 août 2008, à l'occasion de la célébration officielle, pour la première fois au Cameroun, de la journée internationale des peuples autochtones, l'on peut y lire ce qui suit : « Le 9 août 2008 est l'occasion pour le peuple Sawa, peuple de l'eau et des montagnes, peuple autochtone du Littoral camerounais de Campo à Mamfé, d'exprimer et de partager sa grande fierté à l'égard de sa civilisation, de son patrimoine et de ses savoir-faire dans les secteurs du développement économique de la protection de l'environnement, du changement social et des arts. Ce partage se fait avec les camerounais de toutes origines mais aussi avec nos frères représentants des peuples autochtones d'Afrique Centrale venus célébrer cette journée mémorable avec nous, à l'unisson avec les peuples autochtones du monde entier.

Les objectifs de renforcement de la démocratie, de développement et de coexistence pacifique des centaines de communautés qui composent le Cameroun et de prévention des conflits entre elles ne peuvent être atteints que par la participation de toutes les composantes sociologiques significatives de chaque localité à la vie politique, économique sociale et culturelle locale et nationale. Le socle de cette participation se trouve dans la reconnaissance et dans le respect mutuel des différentes communautés nationales autochtones et non autochtones, dans la coopération entre les grands groupes et les minorités ainsi que dans la concorde entre les sous-groupes formant les grands groupes et des minorités entre elles».

J'aimerais bien que l'on montre où se trouve la haine tribale, des basses combines alimentaires, la discrimination, l'injure, l'exclusion, le tribalisme, l'apartheid ou le nazisme dans cette déclaration. Je m'en tiendrai là pour l'heure, car je me refuse à ouvrir un débat général sur la protection des minorités et des peuples autochtones au Cameroun avant la parution de mon livre précisément intitulé : *La protection des minorités et des peuples autochtones au Cameroun : entre reconnaissance interne contrastée et consécration universelle réaffirmée.* Juste un peu de patience, sa sortie est prévue au premier trimestre 2009. Un conseil cependant : après vos flèches contre l'ONU, je vous suggère d'en préparer beaucoup d'autres contre la Cour internationale de justice, l'Union africaine, l'Union européenne, le Conseil de l'Europe, la

Commission africaine des droits de l'homme et des peuples, la Cour européenne des droits de l'homme, la Cour Interaméricaine des droits de l'homme, et contre chacun des 76 Etats qui militent activement pour la protection des minorités et des peuples autochtones aussi bien sur leurs territoires qu'au niveau international, et ce compris l'Afrique du Sud, l'Australie, l'Allemagne, la Chine, les Etats-Unis, l'Inde et le Japon.

En définitive je dis au défenseur des intérêts Bamiléké que vous êtes qu'il est injuste de poser les problèmes de son ethnie en niant la réalité des problèmes et les droits des autres ethnies.

Première réaction Shanda

Ce jeune homme est le véritable symbole de la perdition de l'Afrique. Premièrement, soit il lit mon texte sans le comprendre, soit il le comprend et il est de mauvaise foi.

Deuxièmement, il croit qu'en annonçant des titres de ci et de ça en dessous d'une prise de position, il est forcement pris au sérieux.

Troisièmement, de son point de vue, malgré toutes ses études, ses diplômes et publications existantes ou annoncées, il ne vaut donc rien sans les citations et les pensées, en fait les postulats et observations subjectifs de tel européen ou tel américain.

Quatrièmement, ne vous fiez jamais à ce genre de contribution qu'il appelle félicitations au Maire de Bamendjou. C'est du cynisme. Son intention était simplement de brocarder sur les histoires de minorités et d'autochtones. Ce jeune homme confond et dénature d'ailleurs complètement le sens donné par les travaux des Nations Unies sur la question. C'est bien triste. Ce sont des intellectuels qui passent le temps dans les antichambres à planifier comment il faut arrêter l'envahissement supposé des bamiléké.

Cinquièmement, en plus de faire preuve de mauvaise foi, il persiste dans la bêtise. La substance de mon texte c'est justement de réfuter le concept au sens de sa paternité et de son utilisation abusive ou politicienne. Je répète dans le texte que le concept n'est pas de nous, et qu'il s'agit d'un constat fait par des personnes non bamiléké.

Sixièmement, sur la série des faits que j'aligne, ce grand chercheur n'a aucun courage de se ranger à la réalité. Tant pis pour lui. C'est encore le prototype du recul du continent. Refuser de reconnaître les valeurs, les rapports de force évidents. Mais pourquoi a-t-il des boutons à entendre évoquer le dynamisme bamiléké ? Alors, voici un monsieur qui ne souhaite pas qu'un premier de la classe soit annoncé ou montrer publiquement, il est gêné, mais pourquoi ?

Septièmement, lorsque ce jeune homme a en face des statistiques qui lui montrent une grossière discrimination voire une dangereuse exclusion contre les bamiléké dans les fonctions officielles, il ne s'émeut pas, il voit plutôt que nous insultons les autres. Belle pirouette ! Eh bien, lorsque je vous annonce par exemple que sur la base des statistiques que nous détenons, les départements de la Sanaga-Maritime et du Nyong Ekellé disposent de plus de commissaires de police et de magistrats que tous les départements de l'Ouest réunis, ce monsieur n'est pas du tout gêné.

Huitièmement, je révèle que, à la suite des résultats du dernier concours de l'ENAM, j'ai rencontré le Secrétaire général des services du Premier ministre, chiffres de l'exclusion à l'appui, pour me plaindre, et que celui-ci m'a d'ailleurs donné raison, le chercheur rempli de titres et de diplômes ne se plaint pas. Allez encore savoir s'il est sérieux.

En tout cas, comme je l'ai souligné à l'attention de cet enfant qui a l'air de s'amuser, je ne lui répondrai plus. S'il avait au moins vu les têtes de paisibles paysans coupées et placées au carrefour Bangou, Batcha, Bana, Bamena, Baham ou Batié, il réfléchirait autrement. J'avais à peine quatre ans lorsque les avions français déversaient le napalm pour brûler tout mon village. Ma mère raconte que lorsque l'on entendait les bruits des avions et que les bombes pleuvaient, je courais toujours vers les champs, vers le danger, et qu'elle avait de la peine à me retenir. Aujourd'hui, je vis dans un pays où de façon officielle, la ligne politique c'est de contrer ou de contenir les bamiléké, et pourquoi ? Pourquoi ce jeune homme croit-il qu'il faut un américain ou un français cité par-ci et par-là, pour enlever cette vérité ?

Que monsieur Mouangué aille discipliner son peuple et le mettre au travail. Toutes les maisons de Deido et d'Akwa sont devenues des bars, formant ce que l'on appelle les rues de la joie. Lui qui croit lutter pour je ne sais quelle minorité, devrait s'en préoccuper d'abord, au lieu de pleurnicher parce que quelqu'un quelque part, fait une étude et parle de dynamisme bamiléké. Qu'il aille donc déterrer la dépouille de Houphouët BOIGNY, pour lui demander le sens de ses observations sur les bamiléké. On ne peut pas être malhonnête à ce point.

Franchement, il est difficile de se retenir avec ce genre de mec. Chercher dans les universités, et vous verrez que ceux qui se débattent pour avancer dans les recherches de thèse au Cameroun, sont à plus de 80% bamiléké. J'en avais discuté avec un professeur bamiléké qui s'en plaignait, en déclarant qu'il ne comprend pas pourquoi les autres abandonnent vite, et rechignent à supporter l'endurance, le chemin de croix, et les tracs des profs.

Ce gars est franchement malhonnête. Comment ne réagit-il pas à la révélation sur l'école normale qui a aujourd'hui plongé les lycées et collèges dans la médiocrité ? Tout cela, j'ai révélé, et j'ai bien soutenu que c'est à cause de la fausse présomption construite sur les bamiléké par des malins pour tricher, pour voler. Tout cela saute aux yeux non ?

Le conseil que je peux donner franchement à ces malins d'hier, car c'est terminé, c'est que les générations qui suivent ne pardonneront pas et n'accepteront pas. Ce sera à chacun selon ses compétences et ses mérites. Ces bêtises de villages vont disparaître et seule la démocratie triomphera. Quel est donc ce pays où l'on a souvent pris le risque d'envoyer en formation des cancres, y compris pour des formations de pilote militaire, à tel point que certains sont renvoyés. Evidemment, on avait changé les listes et les résultats. Je vous révèle que les américains outrés par ce jeu sale, ont décidé dorénavant d'organiser eux-mêmes les tests, de les corriger eux-mêmes et de publier les résultats.

Autre révélation. Demandez à tous ceux qui sont passés par l'Ecole polytechnique de Yaoundé les dix dernières années, et demandez qui était le professeur TONYE, chef du département de Génie Electrique ?

En 2005, mon fils qui est en 5ème année de cycle d'ingénieur génie électrique, m'annonce à 10 heures du matin, un jour du mois de juillet qu'il doit aller en stage à CIMENCAM. Je lui dis que j'arrive et que je vais préparer son trousseau. A 15heures, il me rappelle pour me dire qu'il n'y va plus. La raison, c'est que le chef de département a dit qu'étant donné que les bamiléké sont déjà très nombreux dans les choix des autres filières à être retenues pour les stages, on a décidé en génie électrique d'inverser les choses. Au lieu des trois premiers (ils étaient tous bamiléké), on prendra les suivants, donc les $4^{è}$, $5^{è}$, et 6ème. L'enfant était en larmes. En fait CIMENCAM qui avait suivi les élèves dès la deuxième année, connaissait les résultats et les rangs. La société a donc refusé la liste de l'école et insisté pour prendre les trois premiers, mais il était déjà trop tard. Mon fils a dû se résoudre à accepter un autre stage plutôt à la SONEL.

J'ai attaqué cette discrimination au nom du COMICODI (Commission indépendante contre la corruption et la discrimination) et la presse à révélé l'affaire. Le Directeur de l'Ecole, monsieur AWONO, un universitaire tranchant et très intègre, ne savait pas cette combine. Lorsque ma lettre lui est parvenue, il était tout surpris. Entre-temps, les anciens élèves ont révélé par des lettres anonymes, que le professeur TONYE avait toujours été la terreur des bamiléké et les excluait de toutes les bourses et meilleurs stages. Le ministre de l'Enseignement supérieur qui avait été saisi, a ouvert une enquête et donné une demande d'explication au professeur TONYE. Il a été coincé. On a découvert qu'il avait arrangé les choses de façon à contrôler le courrier de l'école. C'est une affaire grave qui s'est terminée par la rétrogradation de ce professeur et des sanctions disciplinaires.

Voilà un exemple de cas, que vous pouvez lire dans le rapport du COMICODI 2005, pour ceux qui y ont eu accès. Depuis 2003, les rapports du COMICODI sont annuels et ventilés dans les bibliothèques. Que le professeur aille voir à l'ONU pour comprendre ces choses là.

Je peux encore vous révéler, que lorsque la Constitution de 1996 fut adoptée, les missions diplomatiques à Yaoundé s'en étaient plaintes. FOCHIVE a ouvert une enquête pour comprendre ce qui se passait, et le chef de l'Etat a demandé comment ces dispositions sur les questions d'autochtones avaient été rédigées, l'esprit. La réponse a été que ce sont deux personnes seulement qui les avaient imposées. Les noms, je vous les donnerai plus tard.

Donc, qu'il soit vraiment clair pour ce compatriote, nulle part au monde, il n'existe des sociétés éternelles où quelques-uns attendent que des lois soient votées de façon biaisées pour les enrichir et les installer à des positions qu'ils ne méritent pas. Ce que ce jeune homme prêche c'est de la pure démagogie. Demandez-lui pourquoi il ne se plaint pas du fait que tous les chefs des unités de commandement administratives et sécuritaires à Douala sont du Centre et du Sud. Il guette le jour où ce seront des bamiléké pour invoquer ses droits de minorité et d'autochtone. Après, il vous dit qu'il est chercheur, qu'il est expert des Nations Unies, qu'il est prix de l'Amérique et de je ne sais d'où, qu'il ne fait pas de politique. Et il nous traite d'opposants. Voilà, ces jeunes perdus qui font le plus grand malheur de l'Afrique, incapable d'indépendance et d'autonomie matérielle, et pire intellectuelle.

Voilà, à vous tous, je demande de travailler dur, et d'être à la hauteur. Je suis allé en Europe à pied, luttant contre le désert, les mers, le froid, la faim, pour justement conquérir les connaissances qui me mettront à l'abri des fanfaronnades de ces porteurs de diplômes qui viennent tromper et insulter les peuples. Que monsieur Mouangué sache tout cela, que j'ai passé huit nuits sur les bancs de la station de métro République dans le troisième arrondissement de Paris, mangeant les restes de bouts de pains piqués dans la poubelle, mais que je suis son grand-frère pour l'affaire de *bouc* dont-il parle. Qu'il laisse le droit international de côté, c'est mon affaire. Il apprend encore et même pas très bien.

Gars, excusez, mais je suis fâché contre ce petit frère têtu qui joue au malin, qui ne veut pas comprendre, et qui ne respecte pas son grand.

Moi quand je suis premier, je ne laisse pas ma place à qui que ce soit, et j'attends qu'on m'appelle premier. S'il n'est pas d'accord, c'est son problème.

Mise au point à l'attention du petit frère Mouangué

Cher *petit frère* James Mouangué
et très cher compatriote,

Je tiens au préalable, à te rassurer, et à rassurer tous ceux de nos compatriotes et des étrangers, qui ont eu connaissance de nos échanges et continuent de s'en intéresser. Je n'ai pour toi aucune animosité, ni religieuse, ni tribale, ni matérielle, ni affective.

Je m'en voudrais éternellement si à la lecture de ta dernière réaction, je me laisse aller à des invectives, ou que je me mette à me dédire complètement tant sur les qualités que je te trouve en universitaire, que sur la manière dont je m'adresse à toi, et enfin sur ton statut dans mon répertoire relationnel. Tu évoques, à raison, nos rencontres et les conseils que je t'ai donnés à l'occasion. C'est pertinent, et c'est toute la symbolique d'une qualité d'aîné que j'entends non pas imposer, mais mériter.

Si la convivialité est un art des personnes simples, sages, loyales, humbles et honnêtes, l'inverse, en somme l'agressivité et l'injure caractérielle, sont aux êtres vivants, ce que les asticots sont dans les cadavres. Nous sommes loin d'être parfaits, et je crois que je porte une responsabilité évidente, d'éclaireur de conscience, par le seul fait d'avoir vu la lumière du jour avant toi, et d'avoir pris le chemin de l'école le premier.

La fraternité dont tu fais état et que tu sembles réprouver avec véhémence, n'est ni un alibi, ni une ruse, ni une moquerie. Le ton, le verbe, l'esprit et la substance procèdent chez moi, dans le cas d'espèce, d'une vivacité argumentaire qui emporte malgré la signification contradictoire, beaucoup d'amour. Qui aime bien ne châtie-t-il pas bien !

Enfin, avec ton intime permission, je veux aussi ajouter, que toutes sortes de réflexions et de démarches contentieuses, m'ont convaincu depuis quelques temps, de transformer mes certitudes et mes pulsions de vengeance, en promesses de pardon.

Voilà planté le décor, le cadre moral et psychologique, dans lequel et par lequel, je m'en vais non pas te répondre, mais simplement procéder à quelques mises au point.

Premièrement, les titres universitaires, toutes spécialités confondues, les distinctions et autres honorabilités, sont utiles dans notre expansion sociale, mais elles ne sont ni déterminantes, ni réellement indispensables, dans le cours d'un échange aussi émotionnel. Il y a longtemps, très longtemps même, que des savants se sont présentés, sont apparus ou ont été consacrés. Pourtant, certains africains contemplent encore les diplômes, avec une extrapolation et une mystification incompréhensibles. Il faut apprendre à t'en éloigner. Le moins tu les évoqueras, le mieux tu seras entendu, écouté et considéré. Tu n'imagines tout de même pas que je me mette à étaler mes titres, diplômes, distinctions et honorabilités sur la toile. C'est un carnet de route trop plein, et les gestionnaires de Yahoo, ne manqueraient pas de me poursuivre pour sabotage. Mais en dépit de tout, je reste un parfait ignorant devant certains génies. J'en connais qui me remettraient à l'alphabet.

L'honnêteté voudrait ensuite que je te recommande de te valoriser davantage par la clarté, la densité et la pertinence de tes arguments, au lieu de recourir à la convocation intempestive d'auteurs étrangers qui bien souvent sont loin d'égaler la réputation de quelques érudits africains. Je saisis d'ailleurs l'occasion pour te demander d'avoir plus que du respect lorsque tu reprends la pensée d'un Maurice Kamto pour faire polémique en le sortant de son contexte. C'est un grand professeur et un savant du métier du droit, dont tu ne sembles pas encore à la hauteur du décryptage de la signification et de l'élan de la philosophie.

Deuxièmement, parlant des Nations Unies et de toutes ces autres organisations. Je ne doute pas que tu aies mené des recherches sur des questions précises, d'un très grand intérêt. Mais ici aussi, je t'invite à la pondération, eu égard à la qualité de ton contradicteur. Celui qui ne me connaît pas, prendrait le risque de croire que tu t'adresses à un intrus de la spécialité, ce qui n'est hélas pas le cas. Les organisations internationales sont mon domaine de prédilection, et de spécialisation, et leurs œuvres conventionnelles, particulièrement dans le domaine de la promotion, de la protection et de la valorisation des droits humains, me sont tellement familières que ma vie au quotidien se confond avec leur récitation. Parlant de publications ou de livres en cours, Je n'aime pas citer mes ouvrages et travaux consacrés à ces questions, parce que j'en oublie toujours. Je comprends qu'écrire un livre soit un exercice extraordinaire pour un jeune, un petit frère débutant, c'est normal. Chez ton grand frère que je suis, cet exercice n'est même plus ordinaire, il est banal.

Troisièmement, s'agissant des notions d'autochtones dans les travaux de l'ONU, lesquels constituent le principal moule normatif de tous les autres cadres conventionnels, il y a lieu de te renvoyer aux débats au sein de la commission du droit international, pour en comprendre exactement le sens. Les populations autochtones ne se présentent pas sous l'angle que tu mets en exergue dans le contexte des manipulations

115

politiciennes au Cameroun. Comment et pourquoi crois-tu, qu'il ait fallu l'avènement du régime de monsieur Paul Biya, son aggravation du tribalisme et des tensions ethniques, les villes mortes et les violences des années de braises, pour assister à l'irruption et à la codification de ces notions dans la vie politique camerounaise ? Quelle explication donnes-tu, au fait que la notion *d'Anglo-Bami*, soit une conséquence des revendications démocratiques au Cameroun ?

Je me demande finalement si tu ne confonds pas volontairement la situation des aborigènes d'Australie et de Nouvelle-Zélande, ou celle des Indiens parqués dans des réserves d'Amérique, avec celle de la souche villageoise dont tu es issu. Il est important que tu ailles te ressourcer aux documents de travail qui ont donné lieu à la résolution 1514 de l'Assemblée générale de l'ONU relative à l'octroi de l'indépendance aux peuples et territoires non autonomes en 1960, pour mieux maîtriser toutes ces notions. Il faut faire une distinction nette entre des groupes de populations privés de tout droit d'expression et de toute participation au jeu politique et à la gestion politique, donc spoliés et opprimés, avec des groupes émancipés et intègres, qui par un processus de non maîtrise de certaines valeurs, sont tombés dans une forme de désuétude et de débâcle *civilisationnelle*.

Quatrièmement, tu sembles soutenir, que *les marches anti bamiléké* de 1996 à Douala, sont des phénomènes du passé. Mais que non ! Nous y sommes encore et toujours, pour la simple raison que *Bamiléké est devenu synonyme d'opposant au Cameroun, et revendication démocratique est devenue synonyme de complot bamiléké, désordre des allogènes, complot anglo-bami*. C'est donc bien une idéologie, et c'est elle qui consacre et justifie l'exclusion. Il ne s'agit même plus ici de marginalisation, il s'agit de chasse à *un corps étranger*. Or, je te révèle que les Bamiléké sont la seule composante ethnique du pays, dont le terroir villageois n'est adossé à aucune frontière internationale.

Enfin, sur ce chapitre, je rappelle, pour bien te mettre en porte-à-faux, que lors des dernières manifestations populaires de février 2008, *un chef supérieur à Douala, s'est vu ouvrir grandement les antennes des médias officiels, pour déclarer que les fauteurs des troubles étaient des étrangers, des allogènes. Il leur a même demandé d'aller faire le désordre chez eux.* Tu n'as rien entendu, rien vu, rien cherché, rien analysé. Mais pourquoi donc ?

Cinquièmement, cher frère, Mouangué, à la vérité, je crois qu'il y a chez toi beaucoup plus de peur que de mal. Tu vis comme un mouton qui se sent forcé par le destin de vivre aux côtés d'un éléphant, et qui ne ferme pas l'œil parce qu'il croit toujours qu'il sera écrasé. En plus, ce qui t'inquiète le plus, ce n'est même pas le fait que l'on fasse le constat du dynamisme bamiléké. Ce qui te dérange, c'est l'inéluctable perspective du suffrage universel et ses implications dans la logique d'une projection mathématique purement ethnique du pouvoir. Ici aussi tu te trompes, et je peux te rassurer qu'il n'en sera rien. Lors des élections démocratiques des années d'avant l'indépendance où nous étions représentés dans les institutions parlementaires de France, le représentant de l'Ouest régulièrement élu a été pendant longtemps un certain Ndoumbè Douala Manga Bell. Mais alors, il se produisit comme toujours, une grosse méprise de sa part. Un jour à Paris, il déclara à des amis qui lui demandaient comment il allait battre campagne pour se faire réélire, *qu'il n'a aucun problème, parce que ses moutons bamiléké votent toujours pour lui*. La nouvelle de cette faute parvint au pays, il fut battu sévèrement aux élections suivantes.

Personnellement, ce sont ceux qui font du statut numérique, matériel, et intellectuel des Bamiléké un problème, qui constituent un danger pour notre pays. Les Bamiléké ne sont un problème pour personne, et tant pis pour ce régime et tous les autres qui théorisent des idéologies d'exclusion. A la rigueur, le raisonnement prendrait le sens inverse, que personne ne contesterait sa pertinence, à savoir qu'il est anormal qu'un groupe humain soit aussi prépondérant de façon générale, sans avoir une emprise sur le pouvoir politique.

Sixièmement, vous reprenez ma déclaration conseillant à tous ceux qui s'opposeraient au triomphe du suffrage universel de commencer à quitter le pays, pour en faire une démonstration de totalitarisme et d'exclusion. Il va de soi qu'il ne saurait être tolérable que des individus s'opposent à l'avènement du changement et à l'instauration de la démocratie au Cameroun. Nous sommes disposés à prendre les armes pour mener une guerre juste, celle qui protégera la République et la citoyenneté dans le contexte des institutions nouvelles issues d'un référendum populaire. Demain, lorsque sera venu le moment de rendre aux Camerounais leur liberté, leur dignité et leur souveraineté effective débarrassée des Bolloré et de tous les autres délinquants coloniaux et leurs complices compradores, nous ferons le juste ménage. Nous traquerons les traîtres et nous ne leur laisserons aucune chance de nous distraire avec des notions abjectes, ou de nous perdre le temps avec des dilatoires dans le genre des conférences bancales de réconciliation, ou de recherche d'équilibre selon un processus d'appauvrissement, de tricherie et de nivèlement par le bas. Je suis convaincu aujourd'hui plus qu'hier, qu'un

Eton pourra être Maire à Bafoussam, un Sawa Député à Garoua, et un Bamiléké Maire à Ebolowa. Celui qui ne voit pas une telle perspective avec bonheur, peut dès maintenant, je le répète, chercher refuge dans un autre pays. La compétence et le mérite n'ont ni tribu, ni race, ni religion, ni couleur.

D'ailleurs, nous avons déjà vécu un tel brassage républicain et citoyen par le passé, avant que les dictateurs successifs et les cancres de tous poils, ne nous inondent avec le tribalisme et déraillent notre destin.

Septièmement, je reviens sur l'invocation des instruments juridiques internationaux relatifs à la protection des droits de la personne humaine, des droits des groupes spécifiques, des droits généraux annexes, et des droits dérivés. La problématique d'ensemble, c'est-à-dire le fil conducteur, est la lutte contre les préjudices visibles et invisibles, explicites et implicites. Pour mieux asseoir la prise en compte de cette préoccupation, il est admis dans toutes les analyses, que la solution réside dans la généralisation des gouvernements représentatifs. Or, dans le cas du Cameroun, je t'ai démontré, et il n'y plus besoin de photo pour cela, que les Bamiléké sont, selon une planification bien exécutée, victimes d'une exclusion systématique des centres de décision officiels, des corps de sécurité, des institutions du commandement. Tu devrais t'en inquiéter, car c'est ici que le pays creuse une tombe inévitable.

Voici ce que dit Nelson Mandela en parlant du Burundi lors des négociations des accords de paix dont il était le principal médiateur : « *il est inacceptable que 5% (cinq pour cent) de la population, domine 95% (quatre vingt quinze pour cent). C'est ce que nous avons combattu en Afrique du Sud et c'est parce que nous ne l'avions jamais accepté que nous étions traités de communistes et de*

terroristes. C'est ce qui m'a valu mes années de prison ».
Il est très important de méditer cette déclaration qui n'a rien d'extraordinaire.

Mon propos n'était pas loin de cette réalité non plus, sauf que dans notre cas, je ne pouvais que me fâcher contre toi, et durement. J'ai considéré que tu jouais le jeu de celui qui accuse inutilement ou qui soupçonne, pour mieux exclure, et marginaliser sans procès, sans preuves. Tu es certainement au courant du blocage des résultats du dernier recensement de la population au Cameroun. Va encore chercher les raisons, et tu comprendras, que nous sommes en train de nous perdre, à force de cacher tout ce qui concernerait le nombre des Bamiléké, et bien d'autres vérités.

Je regrette infiniment que tu aies cru évoquer ce que savent faire les autres communautés ethno-tribales du pays. Etait-ce vraiment nécessaire, et quel est le débat finalement ? Un belliqueux qui a le sens de la provocation pourrait bien te demander combien d'emplois *les chanteurs* créent annuellement, et quel est leur apport à la formation du budget, voire du PIB du pays. Laisse donc ces histoires inutiles.

Huitièmement, tu sembles évoquer mes ambitions politiques avec révélations et dénonciations. Mais cher frère, je viens de loin, des chemins que tu ne fréquenteras jamais, et je suis porteur d'ambitions dont la nature et un parcours de combattant exceptionnel m'ont gratifié. Je ne me vois pas autrement que dans la peau d'un citoyen responsable qui aime son pays, qui aime ses frères et sœurs, qui aime ses compatriotes, et qui par conséquent est prêt à se projeter au-devant sur tout et en toute circonstance, pour les défendre, parler en leur nom, solliciter leurs suffrages. Si tu avais encore un seul doute, je te rassure sur mes ambitions, intentions et projets.

J'attends d'ailleurs que le moment venu, non seulement tu votes pour moi, mais que tu fasses voter pour moi et que tu sois de ceux qui vont construire ma victoire.

Je te parle avec l'assurance, la tranquillité, et la détermination d'un candidat qui a préparé ses primaires depuis l'enfance, et qui n'attend plus que l'ouverture des urnes transparentes dans le contexte d'un cadre institutionnel nouveau et d'une compétition loyale, pour s'installer dans le fauteuil qui semble te faire peur. C'est normal que tu en aies peur, ne t'ayant pas préparé pour une telle fonction ni pour une perspective démocratique. Bon, les cinq doigts de la main ne sont pas égaux, et il arrive que même deux yeux sur une même tête, ne regardent pas dans la même direction. Nous sommes très différents à ce niveau et c'est clair.

Neuvièmement, du rapport de force et de la représentativité, il faut savoir mesurer la distance qui existe entre autrui et toi, et adapter ta stratégie au rapport de force qui s'impose. Par ailleurs, aucun peuple lorsqu'il s'estime minoritaire dans une arène politique, n'a intérêt à construire son bonheur sur des institutions malhonnêtes et anti-démocratiques, sur des privilèges aléatoires résultant de montages éphémères incapables de résister au temps. Les vaincus et les exclus d'aujourd'hui sont les chefs et les commandants de demain. J'en ai tellement conscience, que je me sens une responsabilité pieuse, celle de tendre la main au plus petit, au plus faible, au plus pauvre, avant de m'occuper de ma propre famille sanguine. Mais il faudrait encore que ceux qui s'estiment faibles ou minoritaires, sachent cultiver l'amitié et la loyauté du plus fort. *Le mouton qui dort à côté de l'éléphant n'a qu'une seule précaution à prendre : ne jamais s'allier avec quiconque contre l'éléphant et ne jamais rien faire qui puisse être analysé comme une provocation, car même mort, un* *éléphant qui se renverse sur un mouton l'écrase.* Que tous ceux qui entrent dans des alliances subjectives et contre-natures pour une union sacrée contre les Bamiléké, se retiennent et réfléchissent sur le sens de l'histoire.

Tu as évoqué mon auto proclamation à la tête des Bamiléké ou comme la voix autorisée de cette communauté. Il n'y a aucun doute. J'en suis un maillon moral, intellectuel et physique organique. J'en suis le plus visible, celui qui se présente à ce titre avec pertinence, constance, consistance, et courage. Je parle sous ce nom et c'est à ce titre justement, que tous ceux qui comme toi se hasarderaient à tenir des propos désobligeants à l'encontre des Bamiléké, me trouveront sur leur chemin. Je tiens la réplique vivante, dans le rôle d'une grande puissance aux allures de porte-avion nucléaire. Je ne pense pas que tu appartiennes au corps électoral qui décide du leadership bamiléké, n'étant pas Bamiléké. Donc, ici aussi, une fois de plus, tu n'es pas fondé à émettre une contestation, même pas un avis.

Il convient en outre, de signaler que jamais je ne me serais posé la question de ta représentativité et surtout du mandat au nom duquel, tu te fais avocat des peuples que tu appelles autochtones. En fait je comprends sans qu'il soit besoin d'une autre proclamation, que tu mènes un combat légitime, de survie de ta famille ethnique. Tu en as le droit, la latitude, et l'habilitation naturelle. Sans doute faudrait-il tout de même, rappeler que les notions d'autochtones et de minorité, sont inopérantes au sens discriminatoire, dès lors qu'elles sont utilisées pour développer des conflits artificiels, ou pour consacrer des privilèges d'une dialectique d'exclusivité. C'est le malheur de la théorie de la discrimination positive, conçue et appliquée pour consacrer des régimes de refus du suffrage universel, et de gestion clanique.

Dixièmement, notre échange n'est en rien une perte de temps, et les points mis en exergue, valent que toutes les salives soient déversées, que toutes nos énergies soient déployées, et que tous nos compatriotes nous entendent. Je l'ai dit et je le répète, que le Cameroun a été géré depuis 1958 sur les thèses génocidaires, *marginalisantes* et colonialistes de Lamberton. Ce n'est ni le premier exemple ni le dernier. Partout où le colonialisme est passé, il a fait de l'exclusion et de la marginalisation des groupes entreprenants et majoritaires, l'axe central de sa politique. Lorsque je t'entends me réfuter le droit de parler au nom des Bamiléké, je ne suis point surpris. C'est la logique connue depuis Ahidjo, en ceci qu'il faut tuer dans l'œuf, toute tête bamiléké forte et surtout ne prendre au cœur du pouvoir, que ceux d'entre eux qui sont lâches, dociles, craintifs. Kamga Victor en fit les frais. Sous Biya, c'est pire, on a tout mis en œuvre pour accentuer cette stratégie, allant jusqu'à réduire les intellectuels bamiléké au rang de statuettes muettes, de figurants, de traîtres.

Moi, je te dis que c'est terminé. Le Bamiléké de 2008 est différent de celui de 1960. Ce que je représente aujourd'hui, correspond à une autre espèce, celle fière, courageuse, engagée, et consciente de sa force. Pas question de baisser la culotte comme les aînés terrorisés par les massacres à grande échelle et les tortures des Fochivé et compagnie. Ton erreur c'est justement de ne pas comprendre cette mutation, et par conséquent, de te livrer volontairement ou involontairement, à ce qui peut ressembler à de la provocation. Un ministre des Finances à qui l'on faisait remarquer que de nouveaux impôts seraient insupportables pour les opérateurs économiques, avait eu cette réponse : *les Bamiléké vont payer*. Il faut faire très attention, petit frère, ce n'est plus de la blague, ni une question de chercheur, de docteur ou de professeur. C'est une question terre à terre de dignité, d'amour propre, et de survie.

Onzièmement, il n'est point besoin, de te réaffirmer que je partage ta préoccupation sur la nécessaire cohésion de l'ensemble camerounais, et le principe de la coexistence harmonieuse de toutes ses composantes ethniques et culturelles. Comment pourrais-je penser autrement, moi qui ai vécu et grandi à Douala et où se trouve ma case familiale ? Moi qui ai fait l'école primaire à Ndom au fin fond du pays bassa ? Moi qui fus accueilli à l'université de Dakar après trois jours à la belle étoile et même à Paris après huit jours de errance en dormant dans les stations de métro, par des compatriotes Massa et Foulbés ? Moi qui n'ai jamais travaillé qu'à Yaoundé ? Moi qui parle six langues régionales du pays ? Moi dont les principaux collaborateurs sont de différentes régions du pays ? Moi qui ai contribué au mémorandum du grand Nord et l'ai soutenu ouvertement ? Que non !

Je réitère que nous sommes tous des autochtones du Cameroun, au sens citoyen et républicain et qu'en conséquence, la Constitution de 1996 qui instaure un système d'apartheid de fait en créant une citoyenneté à plusieurs vitesses selon le lieu de résidence, est la pire des folies totalitaires qui se soient abattues sur le pays. Comment veux-tu croire ou accepter, que moi qui ai grandi à Douala et qui réside à Yaoundé, je ne puisse pas me présenter comme candidat à certaines fonctions dans ces deux villes parce que soutient-on, je ne suis pas de la région ? Je t'invite à saisir l'ONU et l'Union africaine pour dénoncer cette constitution dès maintenant, à moins que sa nocivité ait échappé à ton expertise.

En 1990 déjà, un décret toujours en vigueur élaboré sous l'emprise de Joseph OWONA alors Ministre de la

Fonction publique, disposait : *à l'issue de chaque concours, le ministre de la fonction publique détermine le quota qui revient à chaque ethnie. Est considérée comme ethnie du candidat, l'ethnie d'origine de ses parents.*

Selon toi, que fait-on lorsque les parents du candidat sont de deux ethnies différentes ? Toi le chef des droits de l'Homme, le champion toutes catégories des experts de l'ONU, comment n'as-tu jamais donné de la voix pour attaquer ce texte, un acte constitutif de crime, de discrimination et de crime contre l'humanité ?

Notre salut est dans un pays où personne ne se hasardera à tricher, où le travail, le mérite et la compétence consacreront l'honorabilité, où des élections libres seront les seules voies de valorisation de la représentation populaire et de la bonne gouvernance. Il n'est point besoin d'être professeur de science politique ou chercheur en droits de l'Homme pour valider ce postulat. Des citoyens sans tous ces diplômes ne gèrent-ils pas mieux des tontines qui produisent des milliards ?

En guise de conclusion, je voudrais te rassurer, comme je te l'ai dit dans mon propos introductif, sur ma fraternité, mon amitié, et ma proximité patriotique. L'essentiel c'est finalement, que nous débattions, sans haine ni vengeance, ni exclusion. Les sociétés qui débattent franchement avancent, pendant que celles qui ne le font pas, stagnent et reculent.

Ton frère SHANDA TONME
Notable bamiléké et citoyen camerounais
Yaoundé, le 05 décembre 2008

Sur la question bamiléké

Raoul Nkuitchou Nkouatchet, Paris
Sociologue, membre du Cercle Mont Cameroun

Le moment approche où le Cameroun devra se regarder dans la glace pour se dire la vérité sur lui-même. Il faut se connaître si l'on veut avancer. L'une des choses que le pays aura à creuser est la situation des Bamiléké, autrefois appelés les *Grassfields*. Quelques échauffements récents dans la presse sont venus rappeler combien cette affaire constitue un véritable *nœud* pour le développement du Cameroun. La place qui doit être accordée à cette composante décisive de la nation camerounaise en construction est un sujet extrêmement délicat. Il rebondit de temps en temps, et pas vraiment en des termes très ragoûtants. Un texte du docteur Shanda Tonme, paru sur le site Internet *ICICEMAC.COM*, le 19 novembre 2008, servira de repère pour la discussion.

*

*   *

Il fallait que Karl Marx fût un Juif pour commettre *La question juive* en 1843 ; ce texte passionné et excessif contre ses frères. Un Bamiléké, né au dispensaire de New-Bell à Douala, voudrait ici schématiser la question des *Grassfields* au Cameroun. Avec, naturellement, le même droit à l'erreur que le célèbre révolutionnaire Allemand. Avant, il faut un peu poser le problème, en donnant la parole à quelqu'un qui connaît le Cameroun à la place des Camerounais. En 1953, le Français Robert Delavignette écrit : « *Entre les pays du Continent noir, le Cameroun est au carrefour de ses races, il rassemble les éléments fondamentaux du monde négro-africain dont il résume les grands traits. Et il possède en propre ce que n'ont pas les autres contrées de l'Afrique Noire Française : les hauts plateaux et la montagne. [...] En ce Cameroun si plein et si heurté, il existe une région particulièrement originale : c'est la montagne bamiléké. Elle abrite l'un des groupements humains les plus actifs de l'Afrique Noire, un peuple qui sait concilier l'Afrique antique et l'Afrique moderne. [...] Ces montagnards tropicaux, âpres au gain, liés entre eux par une solidarité profonde, achètent, revendent, troquent, trafiquent. Ils colonisent aussi les centres urbains, s'installent à Douala ; ils achètent des terres et ouvrent boutique. Où puisent-ils leur vitalité ? »* Avant Delavignette, René Delarozière notait en 1949, que ces montagnards que l'on a appelés les « Auvergnats du Cameroun », possèdent un esprit d'entreprise remarquable, qu'ils ont un véritable « génie du commerce ». Il ajoutait que les Bamiléké ont su « coloniser » et acquérir de vastes plantations.

A cette époque, les Bamiléké ne reçoivent pas que des louanges. Un certain Jean Lamberton, colonel et administrateur français, dit quelque chose qui aura des conséquences : *« Le Cameroun s'engage sur les chemins de l'indépendance avec dans sa chaussure un caillou bien gênant. Ce caillou, c'est la présence d'une minorité ethnique, les Bamiléké en proie à des convulsions dont ni l'origine ni les causes ne sont claires pour personne ».* Le colon Français invitait par ailleurs son pays à ne pas abandonner ce problème au gouvernement qui allait prendre le relais de son administration. On verra par la suite que l'appréhension de cette question par les Camerounais d'aujourd'hui est mêlée à cet héritage de la colonisation.

En science et alentour, les faits doivent être pris au sérieux. Shanda Tonme fait bien d'en rappeler quelques uns. Les Bamiléké, au Cameroun, c'est le nombre ; c'est la présence territoriale ; c'est un certain rapport à l'argent ; c'est un dynamisme certain dans l'économie. Ailleurs, ces considérations annonceraient quelque chose de bon pour la collectivité. Mais dans une société qui ne s'est pas encore stabilisée sur des principes d'intégration nationale, elles semblent une déclaration de guerre. Les Bamiléké ne sont assurément pas les seuls à subir les brimades du Pouvoir, hélas ! Mais dire que le *containment* (la politique de l'endiguement) leur est prioritairement adressé est une lapalissade. Il faut être autiste ou de fort mauvaise foi pour ne pas le voir. Et Tonme a encore raison, lorsqu'il rappelle après d'autres, que le problème qui se pose n'est pas celui des *Grassfields* : c'est le développement et la prospérité du pays qui sont hypothéqués dans cette opération qui dure depuis trop longtemps. Le Cameroun et les Bamiléké, ou les Bamiléké et le Cameroun, seront libérés ensemble. Il suffit de regarder la question de façon un peu serrée pour en être sûr. Shanda Tonme dit que le Pouvoir opprime les Bamiléké. Ses contradicteurs, et pas forcément des anti-Bamiléké, lui reprochent de ne voir que les *Grassfields* dans la souffrance. C'est vrai qu'il y a quelque chose de sulfureux dans ce qu'on appelle *« Le dynamisme bamiléké »* (Jean-Louis Dongmo, Yaoundé, Ceper, 1981, 2 vol.). On ne peut pas dire que le Pouvoir actuel lui soit spécialement favorable ! Pourtant la domination de ces *montagnards* dans les affaires ne s'est pas émoussée au cours des deux dernières décennies.

Quelle part ce dynamisme des Bamiléké — avec toutes les réserves que l'on doit observer vis-à-vis de cette notion — doit-il à leur *mentalité*, quelle part doit-il aux *contingences* de l'Histoire, la rencontre avec les Anglais, les Allemands ? La présence des Européens, c'est-à-dire la *colonisation*, a permis la mobilité de la force de travail puis des capitaux des Bamiléké, donc leur esprit de conquête ; d'autant plus que leur petit territoire était surpeuplé. Il y a toujours une part de mystère - le cynique dirait une zone d'ombre - dans l'équation de la réussite. Qui plus est, ça touche à l'ethnie ; alors il faut faire attention. Ça regarde ce qui semble essentiel, le Pouvoir, la domination. Pourtant, ici comme ailleurs, la réalité existe ; elle est dure. Il faut la dédramatiser, il faut l'accepter, il faut même l'aimer. Quel Camerounais oserait nier que le *douala* est la plus belle langue du Cameroun ? Quel Camerounais s'est-il jamais énervé de constater que Manu Dibango, Francis Bebey, Eboa Lottin, Ekambi Brillant, Richard Bona, Ebanda Manfred, parlent la même langue ? Quel Camerounais digne de ce nom s'est-il une fois emporté à l'époque où le grand Canon de Yaoundé fournissait 9 titulaires sur 11 joueurs des Lions Indomptables ? Qui s'étonne de savoir qu'Um Nyobè, Roger Milla et Samuel Eto'o sont issus du même groupe ethnique, c'est-à-dire qu'il y a quelque chose du *caractère* bassa dans leur force ? Y a-t-il quelqu'un au Cameroun qui ait été choqué de voir que l'icône de la littérature - cet absolu - et de la révolte, Mongo Béti, soit issu du même grand groupe ethnique que les quelques philosophes répertoriés dans l'histoire du pays, Fabien Eboussi Boulaga, le regretté père Engelbert Mveng ? Personne. Et c'est très intéressant.

*

Tout le monde ne souffre pas de la *psychose* du Bamiléké ; loin de là. Une très large majorité des Camerounais essaie de surmonter les difficultés de plus en plus oppressantes de la quotidienneté, et souvent en bonne entente avec leurs voisins. Lorsqu'ils le peuvent, ils se mélangent, ils se soutiennent, ils s'amusent, et parfois même se marient et font des bébés. Les porte-parole de la partition ethnique du pays, en particulier ceux qui voient dans le Bamiléké une menace pour le Cameroun plutôt qu'une ressource pour sa prospérité, sont essentiellement des hommes de pouvoir ou d'influence, tout à fait conscients de leur propre limite et qui fantasment celle-ci dans une toute-puissance ou une dangerosité du *Grassfield*. La panoplie de leurs griefs tient du bêtisier. Les Bamiléké sont animés d'un esprit hégémonique, voire *fasciste* — le mot est de ce personnage de cirque qui se nomme Hubert Mono Ndjana. Les Bamiléké ne rêvent que d'une chose : le pouvoir politique. S'il était vrai que les Bamiléké voulaient le Pouvoir, en tant que groupe ethnique, cela serait très grave pour le pays. Et il faudrait combattre ce plan au moyen de toutes les forces disponibles. Mais, on sait qu'il n'en est rien. L'argument est mensonger ; c'est le cache-sexe de ceux qui, après le Colon, voudraient assigner les Camerounais à des statuts particuliers, en fonction bien sûr de leurs origines tribales. *Exemples : Vous, c'est le commerce, les affaires ; vous, c'est l'administration et la politique ; vous autres, dansez en attendant ce qu'on ferra de vous !* C'est à croire que les Bamiléké sont très nombreux à recevoir ce discours : il est saisissant de constater que cette composante de la population ne compte aucun homme politique de premier plan. Pourtant dans l'Histoire, la politique n'a jamais été l'apanage des types les plus intelligents d'une société. *Napoléon disait d'elle que c'est aussi facile que de faire une omelette !* Et on sait qu'un Bamiléké est capable d'être héroïque sur ce terrain : le Chef Kemajou (de Bazou, Ndé) fut l'un des adversaires les plus décidés d'Ahidjo ; Ouandié était un Bamiléké (Bana/Bangou) ; Mgr Ndongmo était de Dschang. Il revient aux prochaines générations de

131

Camerounais d'entendre le message d'Herbert Spencer sur l'évolution sociale. Au XIXe siècle, l'Anglais apprenait que c'est la différentiation et l'intégration des éléments — *comme l'ethnie, la tribu* — dans des agrégats de plus en plus vastes et complexes qui donnent de la vitalité à la société. La cohérence de celle-ci a davantage trait à son hétérogénéité qu'à l'homogénéité de ses composantes.

Parmi les dérangés du sujet bamiléké, il y en a qui essaient d'utiliser des armes sophistiquées pour défendre leur génie. Ainsi de l'opposition « autochtone » / « allogène », et de l'appel de l'autorité des Nations Unies pour soutenir la grande cause. Il s'agit de promouvoir l'instauration dans un pays, de la protection légale d'on ne sait quels groupes « autochtones », vis-à-vis d'on ne sait quels groupes « allogènes », et de convoquer le secours des instances internationales. On a là affaire à une paresse d'esprit et à une inculture prodigieuse. Est-ce qu'on a vu ce *« machin »* (de Gaulle) résoudre un seul problème politique - ce qui ne veut pas dire diplomatique - sérieux dans le monde en soixante ans d'existence ? Comme si, après avoir protégé de la prédation chaque « espèce en voie de disparition » dans son coin du Cameroun, les dispositifs juridiques internationaux descendraient ensuite là-bas aider à construire l'outil impératif du développement qu'est l'Etat national ! Ce qui est drôle, c'est que ces gloires ne voient pas qu'elles empruntent à la fois la logique et la phraséologie coloniales ! Heureusement pour les Allemands que les Nations Unies n'étaient pas là pour protéger les différentes minorités germaniques - en Afrique, on dirait *ethniques* - lorsque, en 1867, Bismarck hissa la Confédération de l'Allemagne du Nord, c'est-à-dire le *leadership* de la Prusse sur les autres composantes de la future nation allemande, et mit ainsi fin à un désordre qui profitait depuis des lustres à l'Autriche.

Sa détermination, son patriotisme prussien, et sa vision claire des choses, permirent à l'Allemagne de retrouver son rang en Europe. De même que la nation sud-africaine est née le 10 mai 1994, lorsque Nelson Mandela élu Président de la République, au lieu de déclarer la guerre aux Blancs, leur a tendu la main. Cela faisait une éternité que les Blancs persécutaient les Noirs en Afrique du Sud, et les Nations Unies n'avaient pas beaucoup brillé. Des gestes et des actes politiques seuls permettent de régler des questions d'identité et d'intégration dans un pays ; pas la réglementation internationale de la protection des oiseaux rares ! Il est épatant de voir à quel point la pédanterie peut être mobilisée pour soutenir des incongruités aussi épaisses.

La discussion reste à venir sur les vraies questions. Et qui auront besoin de la plus grande intelligence et de la plus grande humilité qui soient pour les aborder. Où va l'homme Africain ? Les Africains, les Camerounais, sont-ils vraiment solidaires de l'Histoire du monde ? D'où la Bête continue-t-elle donc de tirer sa force ? *Et cætera*. Au Cameroun, les Bamiléké sont emportés dans la même tourmente que tous les autres. La culture des Bamiléké n'a pas plus réglé la question - du sens - que les autres cultures du Cameroun : A quoi sert cette vie ? Comment la réussit-on ? Dans une espèce de transcendance cosmologique, ou *intensément* ici et maintenant ? La plupart des Camerounais partagent désormais les valeurs de l'envahisseur, le vrai, le Colon. Le problème est qu'on ne sait même pas quelles sont-elles.

Dans son *Histoire du Cameroun* (Paris, Présence Africaine, 1963), le regretté père Engelbert Mveng avait tenté d'identifier la source du trouble que les Bamiléké provoquent chez les autres Camerounais. « *Si le Bamiléké aux yeux de beaucoup passe pour un élément dangereux, c'est qu'il représente une force peu connue en Afrique Noire : la force de l'argent. Le Noir est peu économe. Mais le Bamiléké est une exception. Il a vite compris le rôle tout-puissant de l'argent dans la vie moderne ».* On doit admettre que la culture bamiléké accorde un zeste d'individualisme à ses membres, appuyée sur une solidarité foncière du groupe, et un sentiment assez fort que l'environnement est hostile, donc qu'il faut lutter pour vivre. Ces traits de caractère sont de ceux qui définissent l'*ethos* du membre actif de la société marchande, on dirait capitaliste. Il y a une lacune centrale dans ce « pouvoir de l'argent » dont parle le père Mveng, mais elle tient peut-être de la dernière période : c'est l'absence d'un but extérieur à l'argent chez les Bamiléké - et ça ne soulage pas de savoir qu'il en est de même chez les autres Camerounais. Dans les groupes humains de référence, l'*argent* a toujours été considéré comme un moyen, certes puissant, mais un moyen au service de buts plus élevés. Si on entretient un rapport de sujétion à l'égard de cet outil d'échange et d'accumulation, on est vite prêt à *accepter n'importe quoi* pour en gagner. C'est l'une des clefs pour comprendre pourquoi les élites Bamiléké se couchent aussi aisément devant le Pouvoir au Cameroun.

*

C'est vrai qu'il y a un point où l'on ne peut pas suivre Shanda Tonme, c'est son unilatéralisme. Son droit de dénoncer ce qui ne va pas au Cameroun est hautement estimable ; c'est même un devoir moral pour un intellectuel, un vrai. Qu'il soit Bamiléké ne le disqualifie pas, il ne manquerait plus que ça ! Mais il ne voit dans les Bamiléké que de pauvres victimes du régime. Il doit pourtant savoir qu'aucune puissance n'est assez puissante pour dominer durablement des hommes qui n'acceptent pas cette domination d'une certaine manière (*Discours de la servitude volontaire,* La Boétie). Tous les *Grassfields* ne sont pas logés à la même enseigne dans l'accusation qui est faite ici. Parce qu'il ne date pas d'aujourd'hui que c'est du côté de ceux qui ont de l'influence et un peu de pouvoir que l'on est en droit d'attendre l'impulsion décisive pour l'amélioration de la société. Que font les élites Bamiléké, qui savent que les cars sont « contrôlés » - *c'est-à-dire illégalement taxés* - en route vingt *(20)* fois entre Douala et Bafoussam ou Bangangté ? Que font-ils face au discours stigmatisant que les thuriféraires du régime tiennent souvent à l'encontre des hommes, de leurs semblables ? Que disent-ils par rapport aux concours dont tous les résultats sont truqués ? Que manifestent-ils lorsque des Bamiléké se font attaquer dans le pays au nom de l'actualité politique, simplement parce qu'ils sont Bamiléké ? Rien. Chacun essaie de tirer son épingle du jeu, *en solo*. Il n'y a que chez les Bamiléké que l'on voit des milliardaires, des universitaires reconnus, des chefs respectés de leurs ouailles aller se prosterner devant le moindre efféminé qui détient une parcelle de pouvoir. Il suffit de voir comment se couchent les « grands intellectuels » *Grassfields* une fois qu'ils sont au gouvernement ! On doit reprocher aux Bamiléké et surtout à ceux qui prétendent les représenter, leur duplicité : un mélange de couardise, d'opportunisme et de pur égoïsme. Cette façon de tolérer l'intolérable est un crime contre le pays. Cela retarde depuis longtemps la date où les Camerounais devront se retrouver autour d'une table pour négocier le *contrat social* de leur pays. Pire, cette attitude donne l'impression à l'opinion publique que ces descendants de la montagne sont des espèces de *citoyens unidimensionnels*, essentiellement tournés vers l'« exploitation des autres », notamment via le commerce.

« *Il faut bien qu'ils aient quelque chose à se reprocher pour accepter tout ce qu'ils acceptent !* » A ce titre, qui n'a entendu des Bamiléké se dire à voix basse que les Bassa n'accepteraient jamais ce qu'ils acceptent s'ils avaient l'avantage de leur nombre et de leur surface financière ? Les Bamiléké doivent impérativement *normaliser* leur rapport au Cameroun pour donner la pleine mesure de leur contribution au développement du pays. Autrement dit, il est urgent que des gens qui ont été envoyés à l'école par le labeur de leurs parents « immigrés » dans les plantations du Mungo, ou des hommes d'affaires ou politiques - si on peut ainsi appeler ces quelques courtisans - qui bénéficient de toutes les attentions de leurs proches qui n'ont pas eu leur chance, continuent de se comporter comme des étrangers dans leur propre pays. Leur perpétuelle contrition mutile sévèrement la volonté des plus faibles des Camerounais. Plus grave, leur participation active à la corruption générale du système interdit de poser les Bamiléké en *victimes* du Pouvoir. La litote fameuse d'un milliardaire résume la collusion des élites *Grassfields* avec le régime, et comment on peut mener un pays à sa perte : *«Lorsque l'on vend des œufs, on ne provoque pas la bagarre».* Y a-t-il autre chose qu'une profonde étroitesse d'esprit, et un égoïsme écœurant, derrière ce propos spectaculaire ? Que doit faire alors un agriculteur ou un transporteur qui se fait racketter non loin de là ? Il n'est pas sûr, en effet, que celui qui souffrirait le plus, au cas où le vendeur déciderait de ne plus vendre des œufs, soit celui que l'on croit ! Oui, les Bamiléké participent puissamment à l'équilibre de ce système qui oppresse l'ensemble des Camerounais. Il suffirait qu'ils se retirent de ce jeu pour que le sort du régime soit très vite scellé.

Il suffit de lire le dernier livre de Charles Ateba Eyéné, *Les paradoxes du pays organisateur*, pour s'en convaincre. Le régime de la médiocrité ne peut profiter à personne dans un pays, même pas à ceux-là qui sont censés être sa première clientèle. Le jeune cadre du parti au pouvoir ose dire et surtout écrire la vérité sur les frustrations des ressortissants du Sud dont les « frères » sont aux affaires depuis 25 ans. Pour leur région, le bilan est catastrophique. Dans un contexte où l'on a l'habitude de ruser dans les coulisses pendant de longues années, en attendant que tombe le *gombo*, la démarche de cet auteur engagé est très précieuse ; il faut la saluer sans aucune hésitation. Il prend de sacrés risques pour sa carrière. L'avenir politique du pays devra passer par ceux qui osent *dire* et *écrire*, comme Ateba Eyéné. Puisque la politique est ce qui laisse des traces, il appartient à la crème de son camp. Mais au fond, la perspective qui est dessinée dans son texte a quelque chose de pathétique. On prend acte de ce que le Cameroun se situe à un âge tribal, presque pré-politique, où les différentes communautés sont faibles, hostiles les unes à l'égard des autres, et qu'il revient aux « élites » de chacune d'entre elles de faire de leur mieux pour « développer » leur patelin... On est frappé par le succès d'une pareille indigence. *Mort à Um et à ses camarades !* Grâce à Dieu, les UM sont nuls partout. Ce serait terrible si l'on pouvait être médiocre à la ville et formidable au village. On sort ragaillardi de la lecture de ces *Paradoxes du pays organisateur*.

*

Que manque -t-il au pays ? Des leaders politiques et moraux qui aiment le Cameroun en tant que tel, c'est-à-dire un et indivisible. Et des esprits spéculatifs. C'est sur cette dernière carence qu'il convient de commencer, parce qu'elle est moins visible et non moins décisive. Intrigué par la surreprésentation des protestants (calvinistes) dans la classe des entrepreneurs allemands de son époque, Max Weber décide d'abandonner le « domaine des représentations vagues et générales », pour proposer une explication du phénomène dans un livre devenu célèbre : *L'éthique protestante et l'esprit du capitalisme* (1904). A l'issue de son enquête, le sociologue propose que, chez les Calvinistes, du fait de la Réforme, « *le devoir s'accomplit dans les affaires temporelles* - donc le business - *qu'il constitue l'activité morale la plus haute que l'homme puisse s'assigner ici-bas* ». De la même façon procède Werner Sombart quelques années plus tard, toujours en Allemagne. Ayant repéré, suite à Marx, la proximité troublante des types juif et bourgeois dans la dynamique du capitalisme, Sombart publie *Les Juifs et la vie économique* (1911). Le savant y établit, tranquillement, que la rencontre de l'esprit bourgeois et de l'esprit juif a été cruciale pour la formation et la consolidation du capitalisme. C'est la raison pour laquelle Marx, l'une de ses références, appelait à la ruine du judaïsme afin de faire chuter le capitalisme ! Ces thèses ont fait leur temps, comme toutes les grandes propositions scientifiques. Mais elles ont fixé, durablement, le niveau où doit se dérouler la discussion. Sur ces objets, les propos de *sous-quartier* n'ont plus aucune chance d'atteindre l'espace du débat public. Malgré leurs imperfections, les arguments longuement médités par des consciences d'envergure ont l'avantage, pour la construction d'une société civilisée, de devenir des bornes pour le *raisonnement*. Ce sont des barrières qui protègent du basculement des uns et des autres dans l'incompréhension, la haine, le rejet. Cette sombre affaire « ethnographique » aurait pu être l'occasion de produire des pages d'anthologie en matière de politologie au Cameroun. Las ! Les choses se sont passées dans une quasi indifférence.

*   *

S'il était vrai que les Bamiléké *colonisent* le Cameroun, comme l'a dit Delavignette, alors il serait bien qu'une vaste part des Camerounais se comporte comme eux. Il n'y a pas d'autre voie pour construire une nation et développer un pays : il faut l'investir, le *coloniser*. Il ne s'agit pas d'abandonner le *makossa* pour se mettre tous au *mangambeu*, ou de préférer le *taro* ou le *nkuii* au *ndolè* ou au *nam' wondo* ! On n'imagine pas combien il profiterait à tout le monde, si un Haoussa ou un Ewondo décidait d'aller construire un centre touristique international à Batiè, ou à Bana, ou à Dschang. Là-bas il fait entre 12 et 20 degrés durant toute l'année, mieux que n'importe quel endroit du Sénégal *(première destination touristique d'Afrique noire francophone)* ; ces sites sont à trois heures des aéroports de Douala et de Yaoundé ; c'est la législation du Cameroun qui y règne ; les gens là-bas rêvent de travailler ailleurs que dans leurs plantations ; des banquiers de Londres ou de New York seraient ravis de participer à cette aventure. Ces terres attendent d'être colonisées ! Pour cela, les pouvoirs publics disposent de l'éducation, de la loi et de la force pour rendre le Cameroun accessible à tous les Camerounais, à égalité. Rien n'empêche aussi le gouvernement de faire un effort exceptionnel en faveur de l'amélioration de la situation de tel département ou de telle catégorie de la population, sans pour autant blesser le principe de l'égalité des citoyens Camerounais. Cela s'appelle faire de la politique, pas de la discrimination ou du favoritisme.

Le Cameroun dispose de potentialités fabuleuses. Mais il faut d'abord mettre son moteur en marche. Là sont attendus les Camerounais, y compris les Bamiléké. Le libérateur de ce pays devra proposer un *plan* qui assure l'égalité de tous les Camerounais dans le travail, l'espoir et la paix. Sans exception !

Lettre ouverte

A
Monsieur le Président de la République du Cameroun
Par
Un groupe d'universitaires camerounais.

Objet : De l'intégration nationale

Monsieur le Président de la République,

C'est avec un respect profondément camerounais que nous nous permettons de venir par la présente vous distraire de vos lourdes charges.

Lors de votre première tournée présidentielle dans l'ancienne province du Centre-Sud, vous avez déclaré : « Les plus égoïstes parmi nous doivent au moins avoir la conscience aiguë que personne dans ce pays ne peut se baser sur une seule tribu. *Message du Renouveau, An I, Yaoundé, Sopecam, p. 186).*

Il nous paraît tout aussi indéniable que l'on ne peut construire la nation camerounaise, en excluant certaines de ses composantes. Or,

Au moment où le Cameroun, au plus profond de la crise, attend de tous ses fils qu'ils donnent le meilleur d'eux-mêmes pour l'en sortir,

Au moment où, plus que jamais, nous interpellent les concepts de rigueur, de moralisation, et surtout d'intégration nationale,

Il se trouve que des franges de Camerounais, pour des raisons ethniques, sont mises dans l'impossibilité de contribuer au mieux de leurs capacités au devenir de notre pays.

Interpellés par cet état de choses, nous avons cru, en tant qu'Universitaires, de notre devoir le plus impérieux, de porter à votre très haute attention cette situation qui présente des risques certains de désintégration. En effet, de multiples préjugés sont nourris et de nombreux procès d'intention orchestrés à l'endroit notamment de la frange à laquelle nous nous trouvons appartenir incidemment : l'ethnie bamiléké. Ainsi par exemple,

Lorsque le Bamiléké est entreprenant et fait preuve de dynamisme, on le trouve véreux et en quête de monopole économique ;

Lorsqu'il travaille la terre et contribue à l'autosuffisance alimentaire, on trouve que tout pousse sans effort dans ses champs ;

Lorsqu'il épargne en vue d'investissements divers, et qu'il y réussit, on le soupçonne de pratiques occultes, de corruption et de tricherie ;

Et lorsqu'il pratique les tontines, on l'accuse de fuir les banques pour les mettre en faillite ;

Lorsque le Bamiléké ne peut pas payer ses impôts parce que l'Etat a des difficultés à honorer ses créances envers lui, on l'accuse d'incivisme fiscal ;

Lorsqu'il montre son attachement aux valeurs traditionnelles, on le trouve concupiscent et antirépublicain ;

Et lorsqu'il est religieux, on affirme qu'il ne peut être qu'un adorateur des crânes et jamais un vrai chrétien ;

Lorsqu'il accepte d'assumer une mission religieuse, on le traite de « rabatteur » ou de « soldat » à la conquête du pouvoir politique.

Son sens de la discipline, de l'ordre, de la rigueur, de la parole donnée, l'expose à la méfiance de ceux qui revendiquent pour eux seuls la légitimité du pouvoir.

Le Bamiléké est toujours allogène ou envahisseur, même s'il a vécu cinquante ans dans une localité. Ainsi, lorsqu'il faut élire un responsable politique ou un gestionnaire de collectivité locale hors du pays bamiléké, il ne doit pas être investi parce qu'il n'est pas natif de la localité, quand bien même il représenterait 90% de la population du coin. Ce faisant, on lui dénie le droit de représenter ou de défendre les intérêts des compatriotes non bamiléké. Au demeurant, il en va de même pour les autres Camerounais étiquetés d'allogènes dans leur lieu de résidence.

La prétention légitime du Bamiléké à tout poste électif est assimilée à une tentative totalitaire parce qu'il serait assuré d'une majorité automatique.

Lorsqu'il affirme son nationalisme, on dit qu'il fait de la subversion ;

Et lorsqu'il s'auto défend, parce que marginalisé, exclu ou menacé dans ses droits, on dit qu'il est tribaliste ou *ethnofasciste* ;

Lorsque le bamiléké, confiant en l'avenir de son pays, cherche à s'intégrer et à se sentir chez lui partout au Cameroun, on l'accuse de conquête de territoire. Ce qui pourrait indiquer que pour certains de nos compatriotes, les Bamiléké sont étrangers au Cameroun ;

Et lorsque, de fait, il est démocratiquement élu à la tête d'un organisme ou d'une association socioprofessionnelle, on le refuse au nom des prétendus « droits des minorités » ;

Lorsqu'on compresse dans une entreprise, le Bamiléké doit être le premier à partir, même s'il est le plus ancien, le plus expérimenté, le plus compétent et assume d'énormes responsabilités familiales ;

Et lorsque ses efforts et sa compétence lui méritent l'accès à un grade, à une haute responsabilité, à une bourse ou à un stage de formation ou de perfectionnement, on change au nom des « lois non écrites », les critères de désignation.

En somme, le Bamiléké n'a pas ou ne doit pas avoir droit de cité au Cameroun parce qu'il serait dévoré par une fringale hégémonique qui le pousse vers la prise du pouvoir politique, économique et religieux (voir notamment le mémorandum des prêtres autochtones de l'Archidiocèse de Douala, celui du Cercle Clavis signé de MM Simon-Pierre Tchoungui, Florent Eily Etoga et François-Xavier Elie Ntonga ainsi que « L'ethnofascisme » de M. Hubert Mono Ndjana).

Ces préjugés quasi collectifs vis-à-vis des Bamiléké, du reste vécus à des degrés divers par d'autres groupes ethniques, ne sont pas sans conséquences néfastes pour eux et pour la collectivité nationale. Leurs rapports quotidiens avec les autres composantes du pays en sont profondément affectés.

On note ainsi que la priorité dans les attitudes de trop nombreux responsables administratifs et politiques n'est pas de bâtir une nation forte à partir de toutes les potentialités qu'offre notre diversité socioculturelle, mais plutôt de tout mettre en œuvre pour empêcher les bamiléké, paradoxalement plus « étrangers au Cameroun » que les Nigérians, les Libanais et autres Indo-pakistanais, d'envahir et l'espace et les activités politico-économiques du pays.

De ce fait, les Bamiléké, où qu'ils se trouvent sur le territoire national, et quelles que soient les catégories socioprofessionnelles auxquelles ils appartiennent, partagent désormais le sentiment commun d'être réduits aux seconds rôles du fait que les compétences dont ils disposent sont rarement prises en compte.

Comment expliquer notamment qu'à l'Université de Yaoundé, les enseignants les plus anciens dans les grades les plus élevés, écartés de la gestion de l'Institution, soient en majorité des Bamiléké, parfois au profit des expatriés ?

Tout aussi significatif est le cas du Colonel Joseph Kala que décrit M. Henri Bandolo dans *la Flamme et la Fumée (1985)*. L'auteur démontre que seule son origine ethnique l'a empêché d'accéder au grade de Général d'Armée qu'il méritait (Op. cit., pp. 178-179).

Sitôt nommé, un Ministre a ordonné un recensement « sociologique » des professionnels de son Département, dans l'intention plus ou moins avouée d'instaurer une répartition ethnique des responsabilités.

Il est arrivé qu'un Ministre désavoue son Secrétaire Général et un de ses Directeurs en annulant les élections d'un ordre professionnel qu'ils avaient présidées. Et pour cause, les principaux élus étaient Bamiléké.

Au plan des recrutements, toutes les barrières possibles sont dressées un peu partout contre les bamiléké. A titre indicatif :

A l'Université de Yaoundé, de nombreux postes d'enseignants restent longtemps vacants parce que les seuls candidats de profil sont Bamiléké.

Au ministère de l'Education Nationale, on préfère abandonner lycées et collèges dans une pénurie dramatique de professeurs des matières scientifiques (math-physiques) plutôt que de recruter des Bamiléké.

Dans diverses administrations et sociétés d'Etat (Administration, Magistrature, Armée, Police, Enseignement, etc.), les portes des Ecoles de formation sont progressivement fermées aux Bamiléké et ils n'y représenteraient même plus les dérisoires 13% du quota officiel en vigueur.

Par ailleurs, la pratique quotidienne montre que le pourcentage des Bamiléké qui obtiennent des bourses d'études et des stages à l'étranger, que ce soit par rapport au nombre de postulants, se réduit comme peau de chagrin.

Ce qui se passe à l'Ecole Normale Supérieure depuis deux ans est caractéristique de cette situation : au moment où la pression à l'entrée du second cycle de cette école est de plus en plus forte du fait du nombre toujours plus élevé des licenciés des Facultés et même des diplômés des grande écoles, on substitue au traditionnel concours la subjectivité honteuse d'un recrutement sur « étude de dossier ».

Le scandale qui s'est produit en juin 1989 au Centre de Baccalauréat de Bafoussam s'inscrit dans la même logique. On y a vu M. Mono Ndjana, anti-Bamiléké doctrinaire, Président du jury, violer effrontément les règles réglementaires en manipulant les notes pour limiter les chances de succès des candidats de l'Ouest.

De plus en plus, des opérateurs économiques Bamiléké (hommes d'affaires, industriels, banquiers, transporteurs, routiers, promoteurs immobiliers, fondateurs d'établissements scolaires, etc.) sont victimes de manœuvres patentes ou souterraines qui conduisent bon nombre à la faillite et à l'abandon. Quelques exemples suffisent. On connaît :

Le cas d'une banque de la place qui reste paralysée par des manœuvres administratives, malgré les décisions définitives de la Cour Suprême, malgré les 35% du capital que l'Etat y détient ;

Le cas d'un établissement secondaire que l'on s'est empressé de réduire en Poussière avant toute forme de procès et sans que les responsabilités aient été établies comme le voudrait le droit ;

Le cas du Super marché PRIMA, au quartier Bastos (Yaoundé), scellé sous prétexte officiel de défaut de parking, la veille de son inauguration. Désabusé, le promoteur est allé installer son magasin en Côte-d'Ivoire où il emploie trois cents personnes... Apparemment, à la grande satisfaction du Ministre Camerounais du Développement industriel et commercial, qui a fait le déplacement pour assister à l'inauguration de Prima – Abidjan. Le Bamiléké est-il donc à tel point indésirable que, même entrepreneur, on l'encouragerait à s'exiler pour soutenir l'économie des autres ?

Le cas des industries pharmaceutiques naissantes auxquelles l'on refuse le soutien qu'on apporte par ailleurs aux multinationales concurrentes.

Au demeurant, on peut se demander pourquoi les Indo-pakistanais qui ont été chassés d'Ouganda, du Kenya, de la Zambie, et même du Gabon voisin ont été importés avec empressement au Cameroun et introduits dans le petit commerce que contrôlaient déjà de nombreux nationaux ?

Au plan de l'acquisition des biens immobiliers, des opérations ont été suspendues dans un rayon de vingt kilomètres autour de la ville de Yaoundé par note de service n° 0O105/Y.10/MINUH/A du 2/11/1987, complétée par la note de service n° 0O62/Y.10/MINUH/DOOO du 3/7/1989 du ministre de l'Urbanisme et de l'Habitat. Ces notes, édictées en violation des lois foncières et domaniales de la République ainsi que de la Constitution du Cameroun, visent à empêcher l'implantation des « allogènes », cela va sans dire.

Sans doute s'agit-il là de mesures tendant à prévenir ce que, en 1984, dans le cadre d'un Comité de réflexion de l'UNC, on a appelé le risque de « *palestinisation* ». Cela revient à considérer comme envahisseurs, des Camerounais qui quittent leur province pour s'installer ailleurs. Un tel schéma est évidemment contraire à votre idée d'une nation camerounaise intégrée. Contraire aussi à ce que vous affirmez avec force dans *Pour le libéralisme communautaire*, à savoir que « Le mouvement migratoire interne des Camerounais sera encouragé comme facteur important de brassage des populations » (p. 35).

Or, si grâce à vous, ce Comité n'a pas été suivi par le Congrès de Bamenda, qui était apparemment destinataire de Sa « réflexion », les actes discriminatoires et/ou provocateurs ici énumérés obéissent vraisemblablement aux « lois non écrites » qu'il réclamait pour endiguer le péril.

Dans le même ordre d'idées, on s'indigne que les Bamiléké, qui n'ont pas de forêts chez eux, aient été autorisés à exploiter des superficies supérieures à celles octroyées aux originaires des provinces qui seraient « le berceau des richesses forestières ».

En d'autres termes, on voudrait que chacun se contente d'exploiter les richesses de sa province. Faut-il souligner en passant que les autorisations d'exploitation forestière sont distribuées indifféremment aux Italiens, aux Grecs, aux Français, aux Libanais, etc. ?

Au plan des créances dues par l'Etat, les Bamiléké propriétaires immobiliers font les frais ces derniers temps d'un paiement discriminatoire des loyers par les ministères de l'Urbanisme et des Finances.

A l'intérieur même de la Province de l'Ouest, le comportement des instances de commandement et de maintien de l'ordre donne l'impression que l'on s'y trouve en « territoire occupé ». Tout se passe comme s'il s'agissait de brimer les habitants, de les rançonner à tout prix, de leur faire payer on ne sait quel tribut. Le contrôle routier, où l'on trouve parfois jusqu'à cinq barrages sur moins de dix kilomètres, malgré vos instructions formelles en la matière, constitue à ce propos une preuve tangible.

Au regard des faits quotidiens, les Bamiléké ont fini par devenir l'ethnie du Cameroun que l'on peut abreuver d'insanités en toute impunité, même lorsque, de toute évidence, les propos malveillants tenus à leur encontre, les discriminations pratiquées à ciel ouvert contre eux sont de nature à mettre en danger la paix pour laquelle œuvre le gouvernement. Ainsi, des prêtres catholiques ont pu diffuser une littérature d'une tonalité anti-bamiléké inédite. Le Cercle Clavis leur a apporté un soutien inconditionnel. Ni les uns ni les autres, à notre connaissance, n'ont été inquiétés pour avoir diffusé des écrits aussi haineux au moment où le Renouveau prône l'intégration nationale. Par contre, quelque temps auparavant, et sur simple dénonciation calomnieuse, un journaliste bamiléké fut humilié et faillit être pendu, n'eût été votre intervention.

Autant de preuves, Monsieur le Président de la République, et la liste est loin d'être exhaustive, que vos compatriotes Bamiléké sont bel et bien victimes d'ostracisme, d'exclusion ; que dans les bureaux, dans les usines, dans les casernes, dans les écoles, lycées et collèges, dans les églises, sur les chantiers, les routes, sur les gradins des stades, dans les quartiers, on leur fait payer - et au prix fort - le délit de leur origine ethnique.

Ce faisant, l'on fait fi de votre engagement exprimé dans *Pour le libéralisme communautaire* à savoir, « tout mettre en œuvre pour déclencher une profonde mutation sociale susceptible de faire naître une nouvelle communauté plus homogène, plus unie, [...], bref, une véritable nation camerounaise » (p.34). L'on fait aussi et surtout fi de l'image de l'Homme du Renouveau et de l'Intégration nationale que vous avez donnée de vous-même aux yeux du peuple camerounais et du monde entier.

Nous ne prétendons pas que les Bamiléké soient tout blancs vis-à-vis des autres. Mais le poids des tracasseries et des injustices dont ils sont victimes est tel que nous, Universitaires, avons cru de notre devoir de porter la situation à votre très haute attention ; parce que nous en percevons et en redoutons les conséquences pour la paix sociale et pour le progrès national. Parce que, aussi, il nous paraît urgent de conjurer le mal avant qu'il ne gangrène davantage le corps social et n'hypothèque de manière irrémédiable l'avenir de notre pays.

Nous dénonçons toutes les pratiques écrites et non écrites qui, en s'inscrivant en faux contre votre projet de société, veulent atomiser notre pays afin de le gérer comme une fédération d'ethnies nations. Dans cette situation, la psychose *d'ethnophagie* empoisonne la coexistence intercommunautaire. Les Camerounais risquent de se retrouver ainsi dans une atmosphère de guerre froide permanente, l'ethnie qui accède au pouvoir étant tenaillée par l'obsession d'en être évincée par quelque autre, désireuse, elle aussi, de l'exercer. Le pouvoir serait ainsi conçu comme l'instrument de multiplication et de protection des intérêts particuliers ou grégaires.

Le décret n° 82-407 du 7 septembre 1982 et l'Arrêté n° 010467/MFP/DC du 4 octobre 1982, ont officialisé cette gestion irrationnelle du Cameroun en tribalisant la répartition des places aux concours, le mot « provinces » n'étant qu'un euphémisme pour désigner les ethnies. Dans leur intention, leur intitulé et leur application quotidienne, ces textes ne constituent rien d'autre que des versions locales de l'Apartheid, dans la mesure où ils jettent les bases législatives chez nous de ce qu'on appelle ailleurs le développement séparé. M. Henri Bandolo, en 1985, avait relevé les dangers de telles pratiques ségrégationnistes dans plusieurs passages de *La Flamme et la fumée*.

N'est-ce pas significatif que votre prédécesseur ait attendu la veille de sa démission pour signer successivement ces deux textes de « *bantoustanisation* » du Cameroun ? En application de ces « *Job Reservation Acts* », on préfère souvent recruter en priorité un non-Bamiléké sans qualification ou faire appel à un expatrié.

Quoiqu'il en soit, nous voudrions, quant à nous, attirer votre très haute attention sur le fait qu'en voulant contrer à tout prix les Bamiléké, on en arrive à hypothéquer l'avenir de la nation camerounaise. Tout se passe comme si l'on se disait désormais : tant pis pour la nation, pourvu qu'on barre la voie aux Bamiléké. Il se trouve d'ailleurs que lesdits textes et autres pratiques non écrites, travaillés de fond en comble par la lutte pour le *pouvoir ethnocentré*, s'appuient sur des falsifications, des contradictions patentes et des absurdités.

Ainsi, d'un côté, l'on affirme que les Bamiléké, à cause de leur grand nombre, sont envahissants, et qu'il faut les empêcher d'occuper tous les postes. Mais dans le même temps, on publie des textes faisant d'eux une minorité : ils ne représenteraient que 13% de la population camerounaise, et, par conséquent, n'ont droit qu'à 13% des places aux concours et autres tests de recrutement. Depuis un certain temps, on trouve même que ce quota est trop élevé pour eux.

Il est de notoriété publique par exemple que les Bamiléké constituent près de 80% de la population de la Province du Littoral. Ils ont donc été effectivement comptabilisés dans le quota de 12% attribué au Littoral. Il est tout aussi indéniable que les originaires de l'Ouest ont été comptabilisés comme composante intégrante des populations des autres provinces où ils se trouvaient au moment du recensement. Cela a permis de gonfler les quotas desdites provinces. Or, au terme de l'article 3 du Décret des quotas, le chiffre des Bamiléké vivant hors de la Province de l'Ouest aurait dû être ajouté au chiffre de la population de cette dernière Province, et ainsi de suite pour chaque ethnie en rapport avec sa province d'origine. On a éliminé cette logique pour des motifs inavouables.

Il n'empêche, comble d'absurdité, qu'au moment de répartir des avantages découlant de ces mêmes textes (bourses d'études, recrutements dans divers corps de l'Etat, nominations dans le secteur public et parapublic, traitement des dossiers d'affaires, etc), on reverse les postulants dans leur province d'origine. Par de telles manœuvres, on réussit à promouvoir l'hypocrisie, le machiavélisme et le cynisme qui consistent à compter des

Camerounais contre eux-mêmes dans leur propre pays. Quoi de plus arbitraire que d'établir des quotas sur la base d'un recensement par lieu de résidence et de faire une redistribution des avantages par lieu d'origine. L'idée même de partage est de nature à rendre irréalisable tout progrès social fondé sur le mérite, puisqu'elle fausse les parallèles de la saine compétitivité qui, par exemple, a été le ferment de la croissance des sociétés en Europe, en Amérique, en Asie, voire dans certains pays africains.

Nous pensons qu'il y aurait danger à considérer le Cameroun comme un gâteau dont il faut que chacun ait sa part hic et nunc. Notre pays n'est-il pas, au contraire un champ à cultiver ? Et qu'importe l'origine ethnique des ouvriers, pourvu que les méthodes culturales soient efficaces et qu'au bout du compte la moisson soit abondante.

S'il doit y avoir planification dans les concours, dans l'attribution des bourses, dans les recrutements, dans les promotions, dans les nominations (secteurs privé, public et parapublic), qu'elle se fasse soit sur la base d'un recensement général par origine ethnique, soit sur la base des candidatures manifestées ; de sorte que si une province a 20% de candidats, qu'elle ait 20% de retenus au bout du compte.

Mais notre conviction profonde est plutôt que le moment est venu de changer de cap ; car trente ans d'alchimies ethniques ont frustré et les gouvernants et les gouvernés.

Résultat : la crise que nous vivons est causée en partie par le gaspillage d'énergie et l'étouffement des potentialités. Aujourd'hui plus qu'hier, notre pays est un cadre problématique au sein duquel les ethnies s'épient, se suspectent, se provoquent, s'esquivent...

Raison pour laquelle nous croyons que la meilleure solution réside incontestablement dans la détribalisation effective de la nationalité camerounaise. Cela suppose que, comme dans plus d'un pays africain déjà, l'Etat civil du Camerounais soit nationalisé dans les textes et dans les pratiques quotidiennes. Ce qui revient à dire que le terme « province d'origine » au sens d'ethnie d'appartenance soit banni. Que soient également bannies les notions d'allogènes et d'autochtones employées dans leur sens discriminatoire actuel.

En conséquence, qu'un enfant né à l'Ouest, de parents originaires du Sud, qu'un autre né à l'Est ou au Nord, de parents originaires du Littoral ou du Sud-ouest etc., soient tous et chacun Camerounais à part entière, que ce soit quand il s'agit de fixer leurs droits et devoirs de citoyens, c'est-à-dire quand on détermine leurs impôts, quand ils postulent un emploi, quand ils se présentent à la sélection en vue d'une bourse d'étude, quand ils aspirent à un grade dans l'armée, quand ils présentent un concours d'entrée dans un établissement de formation professionnelle, quand leurs demandes d'agréments pour entreprendre sont étudiées, ou quand les compressions imposées par la crise, deviennent une nécessité... Que dans tous les services publics, parapublics et privés, les papiers personnels des citoyens ne portent plus de références ségrégationnistes du genre « province d'origine ».

Nous sommes convaincus que ce programme est réalisable, s'il ne s'en trouvait pas pour revendiquer le monopole du loyalisme et du nationalisme, voire le statut de gardien naturel et exclusif du Renouveau et des Institutions de la République, ce qui est du reste profondément contraire à vos convictions. Nous souhaitons ardemment la mise en place d'une nouvelle éthique en vertu de laquelle chaque Camerounais pourrait développer au mieux ses compétences pour générer des richesses dignes d'être partagées.

Seule la pratique quotidienne de la saine émulation et de l'objectivité peut nous y mener. Au contraire, les rivalités ethniques malsaines, attisées par ceux qui ont une conception *ethnocentrée* du pouvoir, risquent de nous amener à une situation où les gouvernants n'auraient rien d'autre à offrir au peuple que des modèles anachroniques.

En clair, détribaliser les compétences, détribaliser les devoirs, détribaliser les droits, détribaliser les qualités, détribaliser les défauts, détribaliser les pratiques écrites ou non écrites, d'où qu'elles viennent, telles nous semblent être les interpellations d'un régime qui a montré son souci de corriger effectivement les erreurs de trente ans d'indépendance.

Nous ne revendiquons pas, pour les Bamiléké, une clause de l'ethnie la plus favorisée. Une telle clause ne saurait exister pour aucune frange de la population camerounaise. Elle est néfaste parce que, comme l'affirme à juste titre l'auteur de *La Flamme et la fumée*, elle ne peut qu'instaurer « une déplorable mentalité de protégés » à laquelle s'ajoute « l'arrogance », source de l'« hostilité des autres, en plus de leur mépris ».

Nous réclamons la restauration du mérite comme critère de gestion des ressources humaines dans notre pays, la mise en relief objective des potentialités culturelles, diverses certes, mais tellement complémentaires qu'elles font de nous l'Afrique en miniature, et nous posent comme une locomotive du continent noir.

Malgré vos mises en garde, certains se croient investis d'un devoir d'appropriation du Chef de l'Etat, pour des

155

raisons tribales ou liées à d'autres formes d'intérêts. Ils se sentiront inquiétés dans leurs retranchements par notre S.O.S. lancé en votre direction, c'est-à-dire adressé à vous qui êtes notre Chef à tous au même degré. Ils susciteront en vous l'énervement, et même par des moyens désespérés, comme à l'accoutumée, tenteront de vous conseiller des solutions radicales contre les signataires de la présente lettre. Nous autres, au contraire pensons que c'est plutôt le dialogue décanté des préjugés ci-dessus décriés qui pourra mener à bon port. En vous écrivant, nous n'avons cessé de penser à cette phase historique que vous avez prononcée en mars 1985 au Congrès de Bamenda : « Il n'est plus nécessaire, aviez-vous dit, pour exprimer ses opinions, de prendre le maquis, de vivre en exil ou de quitter sa famille ».

Nous demandons simplement que, par la force du pouvoir que tout le peuple camerounais vous a remis entre les mains, le droit de toutes les communautés constitutives de la nation, de vivre en harmonie et en paix dans notre pays, cesse d'être bafoué.

Que soit anathème toute pratique destinée à désigner un groupe à la vindicte des autres.

N'en déplaise au Colonel J. Lamberton qui écrivait : « L'histoire obscure des Bamiléké n'aurait d'autre intérêt qu'anecdotique si elle ne révélait à quel point ce peuple est étranger au Cameroun » - et ses disciples - les Bamiléké n'ont qu'un pays auquel ils sont attachés comme tous leurs compatriotes : le Cameroun. Ils n'ont qu'une seule et unique nationalité : Camerounaise.

En temps de crise peut-être encore plus qu'en temps de prospérité, nous voulons ardemment donner la pleine mesure de nos potentialités, partout au Cameroun et comme tous les autres Camerounais, pour contribuer à chasser cette crise. Le gâchis d'énergie et de ressources imposé par le tribalisme ne peut que faire le lit à la crise.

La province d'origine, l'ethnie de naissance ne devraient plus desservir aucun Camerounais.

S'il s'en trouve pour se plaire à nous battre, qu'au moins il nous soit permis de crier notre douleur en direction de qui de droit : le président de tous les Camerounais.

Que nous nous adressions donc à votre très haute autorité, témoigne sans aucun doute de notre foi en vos idéaux affirmés et de notre confiance en votre compréhension.

Veuillez agréer, Monsieur le Président de la République, l'expression de notre patriotique et très haute considération.

Yaoundé, le 1er mars 1990

Lavage de Cerveau et Rhétorique du Mensonge

- *A Ernest Ouandié, mon maître à penser, dont je viens de célébrer en famille le trente-huitième anniversaire de l'assassina ;t*
- *A mon Frère de toujours, Léon Mbia Méka dont le courage et l'honnêteté ont su forcer l'admiration de ses pires ennemis ;*
- *A Denis Bouallo à qui je dois ma cure psychopathologique après ma libération du Camp de Concentration de Tcholliré.*

A quoi peut bien ressembler le concept de la Protection des Minorités ? Il y a des choses que les kamerunais devront un jour cesser de dissimuler. Le débat sur la cohabitation harmonieuse interethnique au Kamerun est en train d'être faussé à dessein, car depuis près de 6o ans, l'entreprise de lavage de cerveau à l'échelle de l'ensemble de la Nation n'arrête pas de prospérer et connaît un triomphe de plus en plus exubérant au fil du temps, en raison du fait que le régime Ahidjo et son appendice, l'administration Biya sont, en fin de compte, parvenus à oblitérer les pages les plus exaltantes de notre histoire commune et à démolir tous les repères d'orientation et de solidarité du peuple kamerunais. On n'en serait pas là si la guerre de libération du Kamerun avait connu une issue heureuse. Elle a été une débâcle du fait de la violence extrême associée aux méthodes de pacification de l'armée coloniale et de la complicité active de la classe politique officielle entièrement acquise aux autorités françaises. Elle fut, au final, qualifiée de révolte des bamilékés et des bassas, un phénomène isolé qui ne concernait en rien les autres populations du pays. Triste constat.

Dans cette entreprise décidément criminelle datant des années 56 menée par les troupes coloniales dont l'objectif était de livrer le Kamerun, pieds et poings liés à l'impérialisme français, la diabolisation de certaines tribus déterminées à obtenir l'indépendance du Kamerun au prix de leur sang, (les populations bamiléké et bassa en l'occurrence), a été le cheval de Troie derrière lequel le pouvoir colonial et ses héritiers se sont camouflés. La facture a été extrêmement lourde, - 500.000 morts dans la Région Bamiléké et 80.000 dans la Sanaga-Maritime entre 1956 et 1960 - chiffres comparables à ceux du génocide rwandais régulièrement revus à la hausse, passant de 400.000 victimes en 1994 à 800.000 en 2008.

Le sentiment de culpabilité des autres composantes ethniques de la Nation implantées dans les localités en marge des sites de carnage durant les années de plomb, si jamais il existe, ne s'est guère traduit par la résipiscence ou par la revendication collective de l'ouverture, sans délai, des archives coloniales et de celles de l'administration publique des premières années de la 'République du Cameroun', en vue de la reconstitution de la vérité et de l'écriture de notre véritable histoire. La contribution des ressortissants des autres tribus, tout au contraire, consiste de tout temps, jusqu'au moment où je parle, à pointer un doigt accusateur sur toute personne qui prétend interpeler le régime sur ses errements quotidiens, sur le manquement grave à ses promesses vis-à-vis des kamerunais et sur son allégresse irrésistible à mitrailler ses propres citoyens. Cette volonté manifeste d'ignorer les étapes douloureuses par lesquelles notre histoire est passée est la meilleure des armes du régime pour ralentir notre marche vers la construction d'une Nation paisible, unie et prospère, et vers la modernité. **Shanda Tonme** qui ne devrait aucunement avoir honte de ses prises de position agressives vis-à-vis du Système Biya a au moins le mérite de se dédouaner devant l'histoire. Même s'il lui arrive de tirer sa révérence aujourd'hui, il tient en main le flambeau qu'il est prêt à passer à la prochaine génération. Son souci, j'en suis certain, n'est pas de jouer au héros, mais de rappeler aux bonnes consciences endormies que nous sommeillons sur un volcan dont l'éruption est imminente.

La veulerie des kamerunais face aux appétits répressifs du pouvoir néocolonial est, en vérité, légendaire. A-t-on besoin de preuves plus bavardes ? Le reste du pays a les yeux cyniquement fermés face à l'acharnement avec lequel le régime Ahidjo-Biya a juré d'anéantir économiquement le pays bakoko/bassa qui n'est qu'un long corridor de transit entre le Port de Douala et la capitale Yaoundé. Aucun projet concret de développement économique intégré ! Le pouvoir central qui a enfin réussi à flanquer la mauvaise conscience aux populations de ces contrées qu'il qualifie d'éternels rebelles, de maquisards les a, '*de facto*', tétanisées et acculées à la défensive. Elles ont épuisé leur besace de compromissions, pourtant bien fournie au départ, dans la quête incessante des faveurs du régime. Elles se bousculent au portillon, au jour le jour, pour réclamer bruyamment, à travers leurs élites intérieures, extérieures, latérales et centrales, leur Certificat Collectif de Bonne Conduite et de Servilisme vis-à-vis du système Ahidjo-Biya. A Douala, Edéa, Pouma, Eséka et Makak, le larbinisme a bon dos ; c'est la branche la plus productive du secteur des services au Pays des Hommes les Plus Corrompus du Monde (**en ouagalais, il paraît que le terme correspondant le plus approprié est, selon les experts en langues africaines, le Burkina Mvondo**). C'est malheureusement un investissement foireux car les retombées de cette pratique méprisable, en matière de développement, sont pratiquement nulles. Le Pays Bassa-Bakoko, malgré la lutte héroïque et le sacrifice de ses enfants pour faire du Kamerun une Nation indépendante, est en effet demeuré une sous-exploitation de la Francafrique au Kamerun dans laquelle les ressources énergétiques locales dont regorge la contrée sont littéralement bradées sans effet d'entraînement socio-économique bénéfique pour les populations. C'est une honte pour les élites de ces coins dont les motions de soutien en faveur du pouvoir figurent pourtant parmi les meilleurs morceaux choisis de la flagornerie nationale. C'est si triste qu'au lieu d'en rire, on devrait en pleurer. Passons !

Les populations du pays Bamiléké, par contre, ont courageusement assumé leur automédication psychologique et socioéconomique. Brutalement déguerpies à coup de bombes de leurs villages rasés au napalm par les généraux français Max Brillant, Maurice Robert et le Colonel Lamberton, d'anciens compagnons d'armes de Jean-Bedel Bokassa en Indochine et appuyés dans leur tâche exterminatrice par l'Administrateur des Colonies, Maurice Delaunay, les populations bamiléké ont dû leur salut à l'exil. Elles ont atterri par charters entiers, parfois à pied, dans toutes les localités du pays, fuyant leur Région que la soldatesque coloniale avait convertie en gigantesque cimetière à ciel ouvert, en immense restaurant pour les porcs, les chiens et les vautours devenus pour la circonstance la seule Agence de Pompes Funèbres gratuitement opérationnelle dans ces localités. Ceci, il convient de le rappeler en passant, participait de l'éradication de l'UPC de la vie publique kamerunaise.

Les crimes commis en douce en brousse, dans la discrétion absolue, seront repris à très modeste échelle à Douala, lors de l'incinération du Quartier Congo, à la seule différence que les 15.000 victimes de cette agglomération ont été braisées vivantes, le dimanche 5 avril 1960. Voilà Néron qui brûle Rome par pure délectation artistique ! C'était le premier dimanche d'Avril 1960, durant la semaine de Pâques, tout juste avant la rentrée scolaire prévue le lendemain, lundi 6 avril. Des chrétiens brûlés vifs le jour du Seigneur, jour de paix et de tolérance. Ce jour-là l'impérialisme français avait tout simplement aboli toutes les frontières permises du crime et oublié qu'il est une émanation du patrimoine judéo-chrétien de l'Occident. Pourquoi s'en émouvoir ? Ces valeurs culturelles n'ont aucune importance pour ces quelques kamerunais (pour une fois je ne les appelle pas bamiléké pour éviter de me tromper en cas d'inventaire détaillé) en train de rôtir dans la fournaise, car après tout, le christianisme n'est pas leur religion traditionnelle. Je serai hanté par ce spectacle jusqu'au jour où je fermerai mes yeux à tout jamais. Ce sont des choses ignorées par plus de 15 millions de nos concitoyens actuels. Certaines familles n'en parlent même plus. Au nom de quoi avons-nous le droit d'oublier cet holocauste ? Quel collectif d'avocats nationaux pourrait dénoncer ce crime, même s'il n'y a plus de coupables à juger ? Au moins **Mme Germaine Ahidjo, notre Première Dame Nationale** viendrait, au nom de son défunt époux, solliciter le pardon des familles des suppliciés et réconcilier la mémoire de son époux avec les descendants de tous ceux qu'il a impitoyablement rayés du monde des vivants.

Quarante-neuf ans après, je me demande encore comment la sauvagerie exterminatrice de l'Homme Blanc pourtant investi de la Mission civilisatrice de l'Humanité, selon ses propres dires, a pu en arriver là. C'est le complexe freudien de Néron. L'autodafé du Quartier Congo, voilà l'un des chefs-d'œuvre du régime Ahidjo, le

Père de la Nation 'Camerounaise' qui, ce jour-là, à cette heure de l'après-midi, ivre d'extase, jouait sans doute de la lyre ou de la kora à partir du balcon de son Palais du Plateau Atemengue à Yaoundé, en voyant de loin, monter vers le ciel les volutes noires de fumée en provenance de Douala. Cette signature criminelle à elle seule aurait pu imposer la remise en cause de la canonisation **d'El Hadj Ahmadou Ahidjo en héros national**. Peut-être que cette décision politique très contestable pour les personnes soucieuses de la protection des vies humaines (celles des minorités tout autant que celles des majorités ethniques) trouve son inspiration dans la définition voltairienne du criminel qui précise que 'lorsqu'on assassine un homme, on est qualifié d'assassin, lorsqu'on tue plusieurs hommes, on est un héros et lorsque l'on tue tous les hommes, on devient un dieu'. La déification de l'Illustre Prédécesseur de Paul Biya y trouve certainement toute sa raison d'être. J'aimerais tout simplement savoir, avec un peu de recul, ce qu'en pense **Mbouah Massock** le pourfendeur des consciences et grand sélectionneur des héros nationaux de son pays devant l'Eternel. Malheureusement, comme beaucoup de mes compatriotes, je respecte ce fait accompli, car en Afrique, il est interdit de juger les morts.

Les kamerunais ne devraient pas avoir la mémoire sélective en raison des pressions alimentaires qui font dorénavant partie de leur quotidien. Aujourd'hui, plus que jamais, la plaquette publicitaire du régime inscrit en gros plan la présentation des bamiléké comme des hordes barbares d'Attila et de Gengis Khan à l'assaut du monde civilisé. Si l'histoire de notre pays était enseignée à nos enfants, on éviterait la promotion de telles aberrations extrêmement dangereuses qui risquent d'aboutir un jour au scénario rwandais. Lorsque *Emma'a Basile en 1991, et Mama Fouda Ondobo André, en 2008, recrutent des milices*, des voyous du village, leurs cousins et neveux qu'ils ont été incapables de scolariser convenablement, bref, de vulgaires blousons noirs sans le moindre avenir, pour casser du bamiléké à Yaoundé, lorsque *Tsimi Evouna* donne à ces mêmes **Allogènes** (pour ceux qui l'ignorent, c'est le nouveau prénom collectif des Bamiléké officiellement reconnu par les autorités administratives du Burkina Mvondo) pourtant détenteurs de titres fonciers des terrains qu'ils occupent, rien que 48 heures pour déguerpir des lieux que l'Administration Municipale de Yaoundé n'a pas pris la peine de viabiliser les décennies précédentes, il y a de quoi pressentir la provocation annoncée et bien consciente d'un embrasement qui pourra bien déboucher un jour sur l'Apocalypse.

Dans le cas d'espèce du Kamerun, la production intellectuelle tendant à justifier *la protection des minorités autochtones contre les agresseurs allogènes* participe du même programme d'action criminel. **Theodor Herzl, journaliste de profession comme James Mouangué Kobila** à un moment de sa vie, ne s'imaginait pas, en publiant en 1896, à la fin du XIXème siècle, son manifeste intitulé « ***Der Judenstaat/l'Etat des Juifs*** », qu'il embouchait la trompette pour le massacre des populations palestiniennes aux XXème et XXIème siècles. C'est ça, l'effet de la répercussion à long terme de certaines idées apparemment innocentes et humanitaires. **James Mouangué Kobila** n'a aucune raison d'avoir peur. Je sais qu'il croît en l'éducation et l'excellence qui, pour moi également, constituent la seule arme dont disposent les minorités pour s'imposer dans un cadre social. J'ai l'impression que pour en arriver à solliciter la protection des minorités par le Prince, les populations Sawa, celles de Douala en particulier, ont cessé de prôner l'éducation et l'excellence comme leviers d'émancipation et de promotion sociale. ***Paul Biya est devenu leur dernier recours***. La Protection des Minorités est un paradigme faisant penser à l'oppression et à la domination, à une approche dichotomique qui reconnaît d'un côté la race supérieure, et de l'autre, une sous-race. Le concept de la protection ne s'accompagne pas seulement de l'adoption des mesures administratives relevant de la discrétion du Prince et des dispositions juridiques souvent votées par un Parlement. Il sous-tend, de tout temps, le recours aux armes, à toutes les armes, pour défendre ce qui est prescrit par la Loi, ce qui est censé être un droit.

La brigade d'applaudisseurs siégeant au Palais de l'Assemblée Nationale à Ngoa Ekélé ne manquera guère de voter des lois allant dans le sens de cette absurdité abondamment irresponsable dès lors que chaque mandataire local y verra l'opportunité inespérée de bouter les Allogènes (*tout le monde les connaît, ce sont toujours les mêmes* comme on dit dans les cercles proches de Biya) hors de son territoire et récupérer ainsi, sans bourse délier et pour son compte, les terres vendues aux Bamiléké avec titre foncier à l'appui. J'espère que le pouvoir en place à Yaoundé n'utilisera pas un jour les baïonnettes pour '*la sauvegarde des intérêts des minorités autochtones menacées*' par les Allogènes venus des Hauts Plateaux de l'Ouest. Je constate avec appréhension que le décor pour une telle hécatombe est déjà en place. Mais avant de siffler le coup d'envoi d'une telle boucherie, il faudra prévenir les organisateurs de ces festins de vautours et de charognards que 65% des titres fonciers de Yaoundé et Douala sont entre les mains des Bamiléké. Ce sera la pire des fautes. Ce jour verra la résolution de toutes les frustrations endurées par les kamerunais depuis plus d'un demi-siècle. A bon entendeur, salut !

Mais enfin, pourquoi s'obstine-t-on à l'oublier ? Ces allogènes qui ne mendient aucune protection des autorités kamerunaises sont des rescapés - oui des survivants - d'un programme d'extermination impitoyable. Leur caractère a été formé à l'expérience de deux épreuves insupportables pour l'être humain, la décimation systématique, et l'ostracisme généralisé bien orchestré par le pouvoir colonial et l'Etat néocolonial à leur encontre. Fort heureusement, cet instinct de survie cultivé par une ethnie acculée à la méfiance, ainsi que cette détermination à ne compter que sur soi-même ont fini par accoucher d'un concept, le *Dynamisme Bamiléké* qui, aujourd'hui, vaut aux Kamerunais de la Province de l'Ouest une campagne de suspicion de conquête sournoise du pouvoir confisqué par un régime sans ambition et sans imagination. Ils en sont pourtant les principaux contributeurs sur le plan fiscal - ayons le courage de l'affirmer - ils sont la véritable planche à billets, la mamelle nourricière de ce système qui astucieusement tire les ficelles du gigantesque pantin de la machine de propagande nationale qui ne cesse pas de les présenter, la nuit, avec la complicité des ténèbres, comme le danger suprême que court le Kamerun. Comment une toute petite épithète de huit lettres « *bamiléké* » associée à un terme d'origine grecque « *dynamisme* » (*dunamis*) qui signifie tout simplement *mouvement* peut-elle entraîner une telle levée de boucliers et miroiter aux gens bien-pensants l'éventualité d'une guerre civile ? De quel danger s'agit-il donc ? Que ceux qui le brandissent nous le décrivent un peu. Le jour où les kamerunais se rappelleront qu'ils sont parvenus à démystifier des présomptions bien ancrées à l'échelle mondiale tel que le football brésilien ou bien le football argentin, en fait le football sud-américain, le meilleur de la Planète, ils feront front commun pour proposer au monde entier la recette du *dynamisme bamiléké* qui est tout simplement *le modèle kamerunais de reconstruction d'un pays au sortir d'une guerre civile,* sans solliciter les leviers de la mendicité internationale, sans recourir aux mécanismes d'ajustements structurels du Fonds Monétaire International. C'est notre marque déposée. C'est la manifestation du génie de notre peuple. Au moment du constat de faillite de certaines théories économiques, qui avec le temps se sont avérées de fantasmes purs et simples, des techniques de gangstérisme financier prônées par les savants occidentaux comme les meilleures recettes de tous les temps, tel que l'ultralibéralisme, le moment pour l'Afrique de proposer des alternatives solidaires et crédibles est arrivé.

Le *dynamisme bamiléké* est pourtant notre patrimoine collectif. Il est l'incarnation de l'opiniâtreté de notre peuple face aux épreuves insurmontables. Il est l'expression de la résurrection arrogante de cette tranche du peuple kamerunais sortie victorieuse de la répression coloniale, d'une guerre civile dont l'ethnie a, en victime expiatoire, assumé les péripéties les plus cruelles, voisines de l'anéantissement programmé, et ce, sans le recours au Plan Marshall ni aux ajustements structurels de la Banque Mondiale. C'est le miroir devant lequel tout kamerunais doit se regarder le matin. J'en suis fier, car dans cette volonté de survivre, je reconnais effectivement le slogan de l'immortalité du Mouvement Nationaliste Kamerunais (l'UPC), contre lequel était dirigé ce génocide vicieusement ethnocentré. C'est la seule lecture objective que tout kamerunais bien averti de l'histoire de notre pays, peut faire de ce concept contre lequel semblent enrager certains de nos intellectuels.

Le souvenir de l'extermination de 500.000 ressortissants d'un pays qui ne comptait que 3.500.000

âmes durant ces années de tueries aveugles, soit près de 15% de sa population totale a de quoi guérir de l'amnésie tous ceux qui veulent, par lâcheté ou par cynisme passer en perte et profit la tragédie historique du peuple bamiléké. Comment nos intellectuels prétendent-ils reconnaître en Ernest Ouandié l'un de nos plus grands héros nationaux sans s'interroger sur la contradiction bouleversante de l'auto dénonciation hâtive et bâclée, par l'Etat, du honteux assassinat de l'intéressé organisé par le Prince lui-même, entre juillet 1970 et janvier 1971, avec tout l'éclat et tout le faste dignes du Colisée sous la Rome Impériale ? De pareils revirements nécessitent la mise en place d'une procédure de révision de ce procès en sorcellerie infâme et médiéval suivi de l'indemnisation de l'ensemble des victimes, de ***Njassep Mathieu, encore vivant, à Tabeu Gabriel, alias Wambo le Courant et Fossing Raphael.*** Ernest Ouandié n'est pas un '*Deus ex Machina*' dont le parcours est intraçable. Sa mise à mort a été le couronnement d'un holocauste, d'une chorégraphie sanguinaire dont le maître des cérémonies avait été le Chef de l'Etat en personne, le Premier Magistrat de la République. Ouandié appartenait à une organisation politique, à une famille charnelle, à tout un peuple. Beaucoup de personnes, à ces trois niveaux de rapprochement par rapport à lui, ont payé de leur vie. Sadou Daoudou avait proféré en 1973, lors d'une conférence de presse que la mise à mort de Ouandié marquait la fin de la rébellion et l'enterrement définitif de l'Union des Populations du Cameroun. Décidément les repères historiques, au Kamerun, se limitent aux assassinats politiques !

J'ai de plus en plus l'impression que les coursiers de commerce du régime, ses agents de propagande en tout cas, gênés par la persévérance du phénix bamiléké qui renaît de ses cendres chaque fois qu'on le brûle en perdent le sommeil. *Leur stratégie de fond consiste désormais à arracher aux Bamiléké eux-mêmes la promesse tacite de s'interdire, au nom de la stabilité des institutions nationales, de l'Unité Nationale, du CRATRE, du PRESBY et* tutti quanti, *toute ambition politique orientée vers la conquête du pouvoir.* Bravo !!! Qui nous a dit que l'intimidation manque d'imagination ? Après les massacres au soleil, c'est le temps de faire des Bamiléké des citoyens de deuxième classe, littéralement privés de tous leurs droits civiques, et partant, de certains droits humains, parmi lesquels celui d'éligibilité pour certaines fonctions précises dans leur propre pays. Il est vrai que toutes les autres tribus y ont renoncé pour se réfugier dans l'abri antiatomique de l'Homme-Lion, le Petit Père des Peuples.

Après le complot de l'extermination qui a complètement échoué, le relais est repris par celui de l'exclusion politique à laquelle le peuple bamiléké est convié, *par patriotisme*, à apporter sa propre contribution (ce sera sans doute le **prochain thème de campagne de Françoise Foning** pour conserver son poste de Maire de Bonamoussadi/Makèpè). Personne n'avait levé le petit doigt pour protéger les kamerunais originaires des Hauts Plateaux de l'Ouest contre le délire sanglant du génocide colonial. Il était même hors de question, durant ces années terribles, de protéger les bamiléké, peuple de maquisards dont il fallait réduire les effectifs. On leur fait aujourd'hui le procès des ambitions politiques, seules ambitions démesurées au Burkina Mvondo, le Pays des Motions de Soutien et des Grandes Ambitions. Les **'Allogènes'** n'étaient pas une minorité ethnique à l'époque, et le concept de la protection des majorités ethniques, de toute manière, n'a jamais été à l'ordre du jour, surtout pas au

Kamerun. C'est tout simplement incroyable !!! Cela s'appelle du chantage grossier et de la discrimination, deux crimes contre l'humanité. Aux Etats-Unis d'Amérique et en Afrique Australe, des millions de Noirs ont payé l'abolition de la discrimination de leurs vies. Au Pays des Hommes Corrompus, le concept est en pleine gestation.

Les générations futures ont le devoir d'empêcher son émergence. Nous devons arrêter les errements tribalistes de nos populations et du pouvoir dès maintenant. Si nous attendons demain, il sera trop tard. Je termine mon analyse par la même réflexion faite par **Pierre Abanda Kpama, Jean-Jacques Ekindi et James Onobiono** lors de trois conversations totalement différentes que j'ai séparément eues avec les intéressés, il y a plus de 17 ans de cela. 'Le véritable problème de notre pays, m'a rappelé chacun d'eux, comme s'ils s'étaient concertés, est que nous avons affaire à une fonction publique prédatrice, prébendière et prête à tout pour protéger ses intérêts. Le problème bamiléké est un faux problème ; leur principale force est le courage d'oser, la volonté de réussir et l'endurance indéracinable face à l'échec. En y ajoutant la perfection et l'excellence qui ne sont pas leur propriété exclusive, il est possible de rattraper la plupart de leurs milliardaires en moins d'une génération.

On discutait également du *dynamisme bamiléké*. Aucun d'entre eux n'avait évoqué la moindre théorie *exterminatrice des allogènes* ou *protectrice des minorités*. Bien au contraire, l'assainissement des mœurs managériales et des pratiques administratives de l'Etat semblait être leur principale préoccupation. J'avais constaté avec satisfaction que tout en partageant tous les 3 les mêmes convictions, ils étaient pourtant de confessions politiques différentes. Je crois en toute sincérité qu'ils ne sont pas les seuls à être de cet avis. Nous avons le devoir de préparer le futur de nos enfants. En ces temps de retour en force du tribalisme, les dernières émeutes contre la vie chère et la répression sélective qui s'en est suivie ont confirmé que le régime conserve son discours débile et discriminatoire, bien connu de tout le monde depuis 56 ans, et continue à appliquer les recettes du bréviaire de ses réactions ataviques fondées sur *le lavage du cerveau et la rhétorique du mensonge*. Ces mouvements sociaux qui étaient pourtant l'expression légitime des masses affamées et privées de perspectives ont finalement été enrôlés dans le registre de la déstabilisation du Renouveau par les « Anglo-bamis ». Sont-ils en fin de compte les seuls à constater que le Kamerun va à la dérive ?

Martin Ebele-Tobbo
Nations Unies
Nairobi (Kenya)

Conclusion

La meilleure façon de répondre à une question si troublante n'est sans doute pas celle que nous avons choisie, c'est-à-dire de compiler et de confronter différentes thèses sur la question bamiléké qui depuis bien avant 1960, agite le destin politique du Cameroun. Pourtant, nous avons délibérément cédé à cette tentation pour offrir l'occasion à ceux qui douteraient des ravages des faits historiques sur la structure mentale des gouvernants, de vérifier l'hypothèse dans le contexte camerounais.

Le génocide français ne se comprend pas ou plus seulement dans la mise en évidence des preuves matérielles comme il nous a semblé entendre plusieurs critiques l'exiger. Il faut élargir le champ de la notion, pour mieux appréhender ses implications politiques, psychologiques et même psychanalytiques. En réalité, ce qui est en cause dans l'investigation, c'est la présentation au moins dans l'articulation politique qui résulte de la campagne coloniale française au Cameroun, et laquelle désigne une communauté ethno tribale comme un danger à contrôler, à marginaliser et à écraser au besoin.

Sans le rassemblement d'une variété de contributions émettant des thèses récurrentes proches d'un négationnisme attentatoire à la vérité historique, il n'eut jamais été possible de rendre suffisamment compte de la ruse, la mesquinerie et la provocation idéologique des héritiers continuateurs de la campagne française en pays bamiléké. Les thèses défendues par l'universitaire James Mouangué Kobila, constituent à ce propos une parfaite illustration qui sacralise et cristallise une gestion d'exclusion armée de la volonté en tant que de besoin, d'exterminer un peuple ouvertement considéré comme un peuple gênant. L'affirmation de la spécificité bamiléké lui cause des soucis, d'abord parce que c'est contraire à son entendement, ensuite parce que rien ne devrait venir au secours de gens qu'il décide de maintenir dans une position de dominés.

Par ailleurs, ni le journaliste de *Jeune Afrique*, qui donne à penser que son reportage n'avait pas seulement pour ambition d'informer, ni le professeur de droit, ne sont point disposés à ouvrir les livres d'histoire pour chercher ailleurs, dans d'autres arguments, ce qui pourrait créer chez le Bamiléké, certains des traits caractériels qu'ils croient déceler.

Il n'y a pas seulement eu le génocide en pays bamiléké conduit par un corps expéditionnaire français, il y a eu également une construction politique à partir d'une idéologique monstrueuse pour perpétuer une vision du Cameroun sans les Bamiléké, ou alors avec des Bamiléké réduits au rang de peuple paria. La lettre ouverte d'un groupe d'universitaires bamiléké dont les noms ne furent pas révélés au moment de son élaboration, traduit bien la particularité de l'état d'esprit d'un peuple en permanence brimé et contraint à la peur. Il faut d'ailleurs y voir, la consécration d'une ligne de projection politique explicitement fidèle à la recommandation implicite du Colonel français Lamberton que le philosophe Sindjoun Pokam, pour être par ailleurs un fils du terroir bamiléké, dissèque avec une passion justifiée

L'exigence des preuves continue certes de faire l'objet de fixation chez certains, mais pas chez nous. La retenue de ma mère n'est pas en réalité le seul sort de son fils, c'est qu'elle demeure profondément prisonnière des cauchemars de l'époque du génocide. Elle ne pourrait jamais, comme bien d'autres, raconter tout ce qu'elle a vécu, ni compter les morts. Dire que tout brûlait après le passage des avions qui faisaient grand bruit et crachaient le feu ne suffit-il pas ? La France n'aura pas besoin d'ouvrir ses archives pour enrichir notre conscience du génocide. Au contraire, plus elle s'y opposera, mieux nous garderons la mémoire des témoignages de nos proches, de nos parents, et des quelques rares membres de son expédition qui refusent de continuer la rétention de la vérité, vivent de remords, et déversent des confessions. Il n'est d'ailleurs pas déraisonnable de soutenir que pour ce dossier comme pour bien d'autres touchant à l'Afrique, les Européens ne se presseront jamais dans des dénonciations, tant la mentalité raciste et les croyances anciennes teintées de dédain demeurent prédominantes dans les comportements.

Mais, croire que les peuples africains reculeront sur tous les dossiers qui suscitent des interrogations et méritent des réponses adéquates, c'est se tromper. L'empressement mis à juger les auteurs du génocide rwandais ou l'élan de compréhension affiché pour la reconnaissance du génocide arménien, devrait tôt ou tard contraindre les Européens à reconnaître le génocide bamiléké.

Il convient de rappeler que le génocide n'a pas besoin de quantification, de spécification ou de régionalisation pour être validé et reconnu. Il ne s'agit pas de mesurer le nombre, le lieu, ou l'identité des victimes. Mille, dix mille, cent mille, un million ou dix millions n'est pas le problème. Ce qui importe, c'est la définition, la manifestation, le principe et la mise en exécution effective qui compte. Il est établi et personne ne saurait soutenir le contraire, qu'un corps expéditionnaire français a sévi en pays bamiléké de 1958 à 1961. Il est établi que la stratégie utilisée fut des bombardements massifs sans discernement pour éliminer toute âme qui vive. Il est établi qu'un peuple, le peuple bamiléké fut spécifiquement ciblé. Il est constant que hommes, femmes, enfants, animaux, plantes, furent systématiquement détruits.

La France a commis un génocide en pays bamiléké au Cameroun.

**Du même auteur
chez le même éditeur**

Jeux et enjeux des États dans l'ordonnancement géostratégique planétaire, « points de vue », 2009.
Mémoires d'un diplomate africain, 2009
Réflexions sur l'état du monde (2007), « Points de vue », 2009
L'Afrique et la mondialisation, « Points de vue », 2009
Pouvoir politique et autoritarisme en Afrique, « Points de vue », 2009
La crise de l'intelligentsia africaine, « Points de vue », 2009
Réflexions sur les crises de la société camerounaise, « Points de vue », 2009
La politique africaine de la France en question, « Points de vue », 2009
L'intelligentsia camerounaise : autopsie d'une décrépitude, 2008
Afrique : l'inéluctable effondrement des dictatures, 2008
Avancez, ne nous attendez pas ! Le constat amer d'un intellectuel africain, « Points de vue », 2008
Ces dinosaures politiques qui bouchent l'horizon de l'Afrique (2003), « Points de vue », 2008
Coexistence contentieuse entre les nations (1985-1998), « Points de vue », 2008
Le crépuscule sombre de la fin d'un siècle tourmenté (1999-2000), « Points de vue », 2008
Droits de l'homme et droits des peuples dans les relations internationales, « Points de vue », 2008
L'orée d'un nouveau siècle (2001), « Points de vue », 2008
Pensée unique et diplomatie de guerre (2002), « Points de vue », 2008
Réflexions sur l'universalisme (2005), « Points de vue », 2008
Repenser la diplomatie (2004), « Points de vue », 2008
Un Africain au musée des Arts premiers, « Points de vue », 2008
Nécessité d'un profond changement dans le Cameroun d'aujourd'hui, 2004

Points de vue
*Collection dirigée par Denis Pryen
et
François Manga-Akoa*

Déjà parus

SHANDA TONME, *Jeux et enjeux des Etats dans l'ordonnancement géostratégique planétaire*, 2009.

Alfred MBUYI MIZEKA, *Du village aux amphithéâtres. Itinéraire d'un universitaire africain*, 2009.

Michel NKAYA, *Pour une approche endogène du développement au Congo-Brazzaville*, 2009.

Jean-Baptiste SOUROU, *Jean-Paul II : Pape blanc et Africain*, 2009.

Janis OTSIEMI, *Guerre de succession au Gabon*, 2009.

Mohamed Lamine GAKOU, *Afrique subsaharienne et développement de l'Asie de l'Est*, 2009.

Allaoui ASKANDARI, *Logiques politiques et mahorites dans la postcolonie de Mayotte*, 2009.

Toumany MENDY, *L'immigration clandestine. Mythes, mystères et réalités*, 2009.

Succès MASRA et Béral M. LE GRAND, *Tchad, éloge des lumières obscures. Du sacre des cancres à la dynastie des pillards psychopathes*, 2008.

Reckya MADOUGOU, *Mon combat pour la parole*, 2008.

Raphaël BINDARIYE, *Le bonheur d'un couple. De vingt à quatre-vingts ans*, 2008.

André-Bernard ERGO, *Congo belge, La Colonie assassinée*, 2008.

Diogène BIDERI, *Le massacre des Bagogwe. Un prélude au génocide des Tutsi – Rwanda (1990-1993)*, 2008.

Cyriaque Magloire MONGO DZON, *Quelle refondation pour le Congo ?*, 2008.

L'HARMATTAN, ITALIA
Via Degli Artisti 15 ; 10124 Torino

L'HARMATTAN HONGRIE
Könyvesbolt ; Kossuth L. u. 14-16
1053 Budapest

L'HARMATTAN BURKINA FASO
Rue 15.167 Route du Pô Patte d'oie
12 BP 226
Ouagadougou 12
(00226) 76 59 79 86

ESPACE L'HARMATTAN KINSHASA
Faculté des Sciences Sociales,
Politiques et Administratives
BP243, KIN XI ; Université de Kinshasa

L'HARMATTAN GUINÉE
Almamya Rue KA 028
En face du restaurant le cèdre
OKB agency BP 3470 Conakry
(00224) 60 20 85 08
harmattanguinee@yahoo.fr

L'HARMATTAN CÔTE D'IVOIRE
M. Etien N'dah Ahmon
Résidence Karl / cité des arts
Abidjan-Cocody 03 BP 1588 Abidjan 03
(00225) 05 77 87 31

L'HARMATTAN MAURITANIE
Espace El Kettab du livre francophone
N° 472 avenue Palais des Congrès
BP 316 Nouakchott
(00222) 63 25 980

L'HARMATTAN CAMEROUN
BP 11486
(00237) 458 67 00
(00237) 976 61 66
harmattancam@yahoo.fr

626534 - Novembre 2015
Achevé d'imprimer par